KB073629

그래서, 하고 싶은 말이 뭡니까?

15초 안에 'Yes'를 이끌어내는 보고 테크닉 50

그래서, 하고 싶은 말이 뭡니까?

김범준 지음

Yes!

21세기북스

머리말
당신도 이제 보고를 잘할 수 있다

    미국 항공우주국(NASA)은 '120초'를 커뮤니케이션 키워드로 도입했다. 이곳의 구성원이라면 누군가를 갑자기 만났을 때라도 자신이 하는 일과 회사의 목표, 비전을 정확하게 설명할 수 있어야 하는 것이다. 비슷한 사례는 또 있다. 미국 할리우드의 영화감독들은 자신이 갖고 있는 시나리오를 영화화하기 위해 '60초'를 염두에 두고 커뮤니케이션하는 연습을 한단다. 투자자를 만날 기회가 생겼을 때 자신의 시나리오가 얼마나 괜찮은지 짧고 임팩트 있게 그들에게 설명하여 투자를 받아내기 위해서다. 이쯤에서 우리를 되돌아본다. 직장인인 우리가 누군가에게 보고를 할 때 고려

해야 할 시간은 얼마나 될까. 120초? 60초? 아니다. 딱 한 문장을 말할 만큼의 시간, '15초'가 전부다.

'회의 시간' 하면 어느 정도의 시간을 생각하는가. 한 시간? 두 시간? 당신이 회의의 발표자가 되었다고 해보자. 처음에 무슨 생각을 하는가.

'한 시간을 어떻게 끌고 나갈 것인가?'

'어떻게 멋진 말을 할까?'

'사람들이 깜짝 놀랄 만한 창의적인 아이디어가 없을까?'

그런데 우습다. 보고를 시작하자마자, 불과 한 문장을 말했을 뿐인데, 입을 연 지 15초도 되지 않았는데 듣는 말이 "그래서, 하고 싶은 말이 뭡니까?"라는 서늘하면서도 짜증스러운 윗사람의 핀잔뿐이니 말이다. '며칠을 준비했는데, 잠도 제대로 못 잤는데, 이 발표를 위해 다른 일을 하나도 못했는데……'라는 아쉬움과 허탈함은 자기 자신을 위한 최면일 뿐 상처받은 마음을 치유하기에는 역부족이다.

***

보고는 말하기의 일종이다. 하지만 친구들과 수다를 떠

는 것과는 엄연히 다르다. 듣는 상대방이 말하는 사람의 성장과 발전, 가장 중요하게는 연봉까지도 좌지우지하는 인사권을 가진 경우가 대부분이기 때문이다. 인정할 건 먼저 인정하고 들어가야 한다. 현실은 어떠한가. '상명하복'의 조직 문화를 가진 대부분의 대한민국 기업들에서 보고란 '내가 하고 싶은 말을 하는 것'이 아닌 '상대방이 듣고 싶은 말을 하는 것'이라는 사실을 인정해야 한다. 이런 상황에서 보고란 무엇인가. 자신의 의지를 드러내는 작업이 될 수 없다. 자기주장의 정당성을 승인받는 과정도 아니다. 오로지 상대방이 들어야 할 내용을, 아니 듣고 싶어 하는 내용을 잘 정리해서 말하는 것이 보고의 핵심이 된다.

　보고는 자기 존재를 드러내는 일이 아니다. 상대방의 존재를 부각시키는 것이다. "이런 건 모르셨죠? 제가 나름대로 똑똑하거든요. 그러니 제 말대로 하세요"라고 말하고 싶은 욕망을 누르고 "그런 게 있었구나. 어떻게 찾아낸 거야? 그래, 우리 한번 해보자"라는 대답을 얻어내기 위해 총력전을 펼쳐야 한다. 이것이 보고를 잘해보겠다고 생각한 사람이 가져야 할 제대로 된 비즈니스 마인드다. 무작정 '잘난 보고', '멋진 보고'에만 신경을 쓰는 것이 아니라 '보고란 보고자가 하고 싶은 말을 하는 것이 아니라 상대방이 듣고 싶어 하는 말을 하는 것'이라는 점 하나만 기억해도 중간은 간다.

* * *

이 책은 '왜 나의 보고는 늘 인정받지 못하는 걸까?'라며 고통받았던 당신을 위해 썼다. 그렇다고 고(故) 스티브 잡스의 프레젠테이션처럼 화려한 말솜씨를 알려드리려는 게 아니다. 어제도, 오늘도, 그리고 내일도 늘 눈을 마주치고 한 공간에서 숨을 쉬어야 하는 직속 상사에게 '까이는' 대신 '보고 한번 시원하게 하네!'라고 인정받고 싶어 하는 당신을 위한 책이다. 평범한 직장인인 당신이 조금 더 편안한 하루를 보장받을 수 있도록, 그동안 보고를 지겹도록 받았다는 다양한 기업 리더들의 이야기를 정리해낸 결과물이다.

보고를 하는 당신이 이제 "그걸 보고라고 하는 겁니까?"라는 말을 듣지 않았으면 좋겠다. 대신 "하고 싶은 말이 바로 이것이었군요! 좋습니다"라는 시원시원한 승인을 받길 기원한다. 당신이 하고 싶은 말을 하는 것이 아니라 상대가 듣고 싶어 하는 말을 하는 것에 능숙해지는 데 힘이 되었으면 좋겠다. '과격할 정도의 정직성'이 보고의 과정에서 수용되는 조직 문화가 대한민국의 모든 기업들에 정착되기를 바라지만, 그 전에 먼저 당신이 '과격할 정도의 찬사'를 받으면서 조직에서 성장하고 발전하는 것이 우선이기 때문에 이 책을 쓰게 되었다.

하여간 일단 우리, 보고 좀 잘하자.

'보고 때문에' 고통받는 것이 아니라
'보고 덕분에' 인정받는 당신이 되기를 기대하며
김범준

1장 관심을 집중시켜라
결론부터 말하는 습관 기르기

2장 관점을 바꿔라
상대의 입장에서 생각하기

3장 문제의 단서를 찾아라
복잡한 상황을 단순화하기

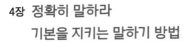

4장 정확히 말하라
기본을 지키는 말하기 방법

5장 여운을 남겨라
상대의 협조를 얻는 기술

Yes!

1
관심을
집중시켜라

결론부터 말하는
습관 기르기

1

우리의 보고,
대체 무엇이 문제일까

"이사님께 보고하러 들어가야 해."

이 말을 하는 대한민국 직장인의 표정은 늘 비슷하다. 직접 본 적은 없지만 '자신이 도살장에 끌려가고 있음을 아는 황소의 눈망울'이 이렇지 않을까 하는 모습이다. 아무런 준비를 안 한 사람들이 아님에도 그렇다. 자신에게 주어진 그 몇 분간의 보고를 위해 무진 애를 썼다. 보고서를 나름대로 예쁘게 꾸민다고 도대체 며칠을 끙끙거렸는지 모른다. 파워포인트 매뉴얼 책을 구입해 장표 여기저기에 색깔을 입히고, 도형을 삽입하고, 애니메이션 효과로 보고서의 수준도 높였다(고 생각했을 테다).

빔 프로젝트로 보여줄 자료이지만 굳이(!) 출력까지 해서 사람 숫자대로 한 부씩 자리에 올려놓는다. 생수 한 병, 그리고 달달한 과일 주스 한 병도 인원수를 맞춰 사놨다. 혹시 모를 추가 인원을 위해 의자도 여유 있게 한두 개 더 갖다 놓는다. 늘 그렇듯이 보고를 '구경'하고 '평가'할 '그들'은 회의 시간에 임박해서야 발표장으로 들어왔다. 커피 한잔을 한입 가득 마시며 마음을 가라앉힌다. 이제 시작이다.

"이번 발표는 새롭게 출시된 미래형 전략 서비스 xxx에 대해 보고를 드리는 자리입니다. 우선 목차부터……"

뭔가 이상하다. 보고를 하는 나에게도, 빔 프로젝트로부터 발사된 화면에도, '그들'은 관심이 없다. 그저 회의실 탁자에 미리 세팅해둔 보고서를 손으로 휘리릭 넘길 뿐이다. 앞에서 뒤로, 뒤에서 앞으로. 머리가 복잡해진다.

"기대 효과로는 네 가지, 아니 세 가지가 있는데……"

불안해서일까. 그들의 태도를 살피느라 말도 꼬인다. '뭐가 잘못됐나?' 불안한 마음에 얼른 다음 페이지로 넘긴다. 바로 그때 자료를 앞뒤로 두세 번 넘겨보던 한 분, 보고를 듣는 사람 중 가장 파워 있는 그분이 탁 하고 자료를 탁자에 놓으면서 한마디 한다.

"자료 만드느라 고생한 흔적이 보이네요. 음, 그런데 뭘 말하고 싶은 겁니까?"

회의실의 모든 눈들이 일제히 나를 향한다. 생각이 엉킨다. 내가 지금 왜 이 자리에 있는 건지, 까마득하기만 하다. 측은하게 보고자를 바라보는 눈길이 하나둘 늘어간다.

"제가 하고 싶은, 아니 제가 하고자, 아니 드리고자 하는 말씀은……."

허둥대는 자신을 방어한다고 시간을 보내다 보니 도대체 뭘 했는지도 모르게 보고는 끝난다.

결론부터 말해보라고 하셨던 그분의 코멘트는 늘 그랬던 것처럼 "보완해서 다시 보고하세요"라는 기약 없는 말이다. 참석자들이 모두 등을 보이면서 나간 회의실에 멍하니 앉아 있다 주섬주섬 배부된 자료, 하지만 가져가지도 않은 자료를 챙긴다. 보고는 늘 그렇게, 슬프게 막을 내린다.

무엇이 문제였을까.

'맞아. 나는 보고에는 원래 자신이 없었어.'

'대학 때도 발표보다는 자료 만드는 것을 더 잘했었어.'

스스로를 변명해보지만 뭔가 답답하다. 60시간 같았던 60분을 ― 사실 20분 만에 끝났다! ― 다시 겪어야 한다는 사실이 기가 막힐 뿐이다.

'그래, 나쁜 건 빨리 잊자. 다음 보고 때 잘하면 되지.'

며칠이 지나 다시 보고를 한다. 이번에는 지난번보다 더 화려하게, '고퀄[고퀄리티의 줄임말로 한자 '높을 고(高)'와 영어 'quality'가 합쳐진 단어]'을 추구하면서 장표를 만든다. 그런데 돌아오는 말은 똑같다.

"수고 많이 했네. 그런데 결론이 뭐지?"

도대체 무엇이 잘못된 것일까.

2
'우리'의 귀납적 말하기 vs.
'그들'의 연역적 듣기

　'우리'는 보고를 하는 사람들이다. '그들'은 보고를 받는 사람들이다. 보고를 하는 사람과 받는 사람의 간격은 지구와 안드로메다만큼 멀기만 하다. 어째서 이런 거리감이 느껴지는 걸까. 결론부터 말하자면 우리와 그들은 생각의 뇌 구조가 다르기 때문이다.

　보고를 하는 사람들은 대체로 '귀납(induction)'의 구조에 익숙하다. 귀납이란 개개의 특수한 사실로부터 일반적 결론을 이끌어내는 생각의 체계다. 몇 가지 사실을 제시한 후에 결론을 이끌어내는 방식으로, 논리적으로 비약이 없다는 장점이 있다. 예를 들면 다음과 같다.

사실 1: 경쟁사인 A사는 시장 점유율이 30퍼센트다.

사실 2: 경쟁사인 B사는 점유율이 30퍼센트인데 올해 30개의 매장을 추가할 계획이라고 한다.

사실 3: 경쟁사인 C사는 점유율이 20퍼센트인데 올해 100개의 매장을 추가한다고 전해진다.

사실 1~3으로부터 내린 결론: 그러므로 후발주자로서 점유율이 10퍼센트 내외인 우리도 올해 내에 매장 확대는 물론 추가적으로 대규모 마케팅 프로젝트를 진행해 경쟁에서 뒤처지지 않도록 해야만 한다.

이렇게 나름의 방식을 택해서 보고를 했지만 돌아오는 것은 '처참한 깨짐'밖에 없으니 답답하다. '분명히 열심히 했는데 왜 이런 평가가 돌아오는 것일까?' 하는 자괴감이 생긴다. 왜 이런 일이 반복되는 걸까. '그들'의 생각과 '우리'의 생각에는 차이가 있기 때문이다.

그들은 바쁘다. 어쩌면 그들은 우리의 보고를 받기 이전에 이미 결론을 내리고 있었을지도 모른다. 그러니 보고는 '처음부터 끝까지' 유려하게 흐르는 논리를 말하는 게 아니라 그들이 생각하는 결론에서 체크해야 할 사항들을 '팩트

(fact)' 중심으로 언급하는 것이 우선되어야 한다.

그들은 결론을 이미 내린 경우가 대부분이다. 즉, 결론은 정해져 있다. 다만 그 결론에 이르는 과정에서 문제가 될 부분이 무엇인지가 궁금할 뿐이다. 이 궁금증을 채워내는 게 바로 우리가 해야 할 보고의 모습이다. 직장 생활을 편하게 하려면 바로 이 부분을 늘 염두에 두고 커뮤니케이션해야 한다.

또 하나 기억해야 할 것은 그들의 생각 회로다. 그들의 생각은 연역법의 일종인 '삼단논법(syllogism)'의 논리를 따른다. 이는 하나의 주장을 하기 위해 주장에 대한 근거를 찾고 그것이 주장과 얼마나 밀접하게 관련되어 있는지를 설명하는 일이다. 이미 들어봤을 유명한 예문이 있다.

대전제: 사람은 모두 죽는다.

소전제: 소크라테스는 사람이다.

결론: 그러므로 소크라테스는 죽는다.

이때 '소크라테스는 죽는다'라는 결론을 얻기 위한 근거로 두 개의 전제를 세웠다. 여기가 중요한 포인트다. '결론을 얻기 위한 근거로'라는 말에 주목하라. 이미 결론은 내려졌다. 다만 그 결론을 뒷받침하기 위해 몇 개의 근거가 필요했을 뿐이다. '그들'이 보고를 받을 때의 생각 회로와 동일하다.

다시 한번 말하지만 그들은 이미 결론을 지니고 있다. 보고를 하는 입장인 우리는 결론을 먼저 염두에 두고 보고를 해야 한다. 삼단논법에서 구체적인 이미지를 표현하는 결론만 앞으로 끌어내면 바로 그들이 원하는 보고가 된다. 예를 들면 다음과 같다.

결론: 후발주자로서 점유율이 10퍼센트 내외인 우리는 올해 내에 최소한 3위 사업자에 오르는 것을 목표로 빠른 시간 내에 매장 확대 그 이상의 대규모 마케팅 프로젝트를 진행해야 한다.

대전제: 우리 회사는 4위 사업자로서 A사, B사, C사에 비해 정부의 규제로부터 자유롭다.

소전제: A사, B사, C사는 정부의 규제로 인해 마케팅 비용을 사용하는 데 한계점이 있다.

다만 보고를 할 때 결론을 쉽게 언급하라는 얘기는 아니다. 결론을 내리는 주체는 우리가 아니라 그들이기 때문이다. 보고를 하는 입장이라면 '겸손'이라는 키워드를 잊지 말아야 한다. 보고를 받는 그들은 법정에서 판사가 내릴 결론을 들어야 하는 당사자가 아니다. 오히려 그 반대다. 그러니 지나치게 쉽게 결론을 아는 체하며 말하는 것은 경계해야 한다. 보고에 있어서 사소한 방어의 기술이다.

3
CMM 리포트로 보고하라

"삼단논법을 당신의 보고에 활용하라!"

말은 쉬운데 여전히 익숙함과는 거리가 멀다. '대전제-소전제-결론'으로 이어지는 논리 구조는 뭔가 어색하다. 우선 용어부터 걸린다. 대전제? 소전제? 모호하다. 그렇다고 삼단논법을 포기할 수는 없다. 우리가 아닌 그들을 향한 보고이므로 그들에 맞춰 보고를 하는 건 일종의 의무이기 때문이다.

'의무'라고 하니 거부감이 들 수도 있겠다. '허심탄회한 의견 교환'을 위해서도 서로의 이야기 형식을 존중해야 하는 것 아닌가 하는 의문도 들 것이다. 하지만 이렇게 생각하는 당신에게 나는 "돌이킬 수 없는 일이라면 받아들이는 잔잔한 마음을 갖는 것도 용기다"라고 조언하고 싶다.

어쨌거나 삼단논법은 대전제, 소전제 등의 용어와 그 활용 때문에라도 보고의 형식적 틀로 사용하기가 어렵다. 나 역시 마찬가지였다. 보고를 할 때 도대체 뭘 어디서부터 말해야 하는지 몰라 우왕좌왕했던 때가 한두 번이 아니었다. 당황한 상태에서 대전제, 소전제, 삼단논법, 연역법 등을 따지기란 힘들다.

지금은? 솔직히 "쟤는 보고의 신(神)이야!"라는 말을 듣는 사람은 절대 아니다. 하지만 최소한 보고를 못한다는 말을 듣지 않을 정도는 되었다. 직장에서의 경험이 축적됨에 따라 생긴 여유도 한몫했겠지만 그보다는 나만의 비장의 무기인 'CMM 리포트'를 적극 활용했기 때문이리라.

'CMM? 이 사람, CNN(Cable News Network, 미국의 24시간 뉴스 전문 유선 텔레비전 방송 업체)하고 헷갈리는 거 아니야?' 이렇게 생각할지도 모르겠다. 아니다. 'CMM'이 맞는다. 뉴스에서는 CNN이겠지만 직장에서 하는 보고에서만큼은 CMM이 정답이다.

CMM이란 삼단논법을 좀 더 직장에서 활용하기 쉬운 용어로 변형한 보고법이다. 보고를 할 때 삼단논법의 대전제나 소전제를 머리에 떠올리려고 애쓰는 대신 CMM 하나만 기억해두면 그 어떤 보고의 자리에서도 최소한 중간은 간다. 중간? 우습게 생각하지 말라. 직장 생활을 해본 우리는 중간이라도 가는 것이 얼마나 힘든 일인지를 잘 알고 있지 않은가.

그렇다면 CMM이란 무엇인가. 우선 C란 '결론(conclusion)'이다. C 다음에 나오는 M은? '시장(market)'이다. 마지막 M은 '나(me)'를 말한다. 혹은 '우리'라고 해도 좋다. 즉, CMM이란 보고의 프로세스를 '결론→시장→나(우리)'로 진행하자는 말이다.

이를 어떻게 활용할 것인가? 우선 삼단논법(연역법)의 사례를 하나 제시해보도록 하겠다.

대전제: 우리 회사는 4위 사업자로서 A사, B사, C사에 비해 정부의 규제로부터 자유롭다.

소전제: 경쟁사는 정부의 규제로 인해 마케팅 비용을 사용하는 데 한계점이 있다.

결론: 후발주자로서 점유율이 10퍼센트 내외인 우리는 올해

내에 최소한 3위 사업자에 오르는 것을 목표로 빠른 시간 내에 매장 확대 그 이상의 대규모 마케팅 프로젝트를 진행해야 한다.

이를 CMM으로 변형하면 어떻게 될까.

C(결론): 후발주자로서 점유율이 10퍼센트 내외인 우리는 올해 내에 최소한 3위 사업자에 오르는 것을 목표로 빠른 시간 내에 매장 확대 그 이상의 대규모 마케팅 프로젝트를 진행해야 한다.

M(시장=소전제): 경쟁사는 정부의 규제로 인해 마케팅 비용을 사용하는 데 한계점이 있다.

M(나/우리=대전제): 우리 회사는 4위 사업자로서 A사, B사, C사에 비해 정부의 규제로부터 자유롭다.

아마 눈치챘을 것이다. 그렇다. CMM은 삼단논법의 원래 구조인 '대전제-소전제-결론'을 정확히 반대로 배치한 것이다. 즉, '결론-시장-나(우리)' 순서로 배치한 보고의 기술이다. 결론을 앞에 내세워 빠르게 핵심을 전달하면서도 그에 대한 배경 설명을 시장에서 찾으며 그에 따른 나(정확히는 내가 재직 중인 회사)의 모습에 대해서도 이야기한다는 점에서 보고를 받는 그들의 사고에 부합되는 방식이다.

보고를 왜 하는가. 내가 더 나은 결정과 선택을 하도록 돕기 위해서인가. 아니다. 보고란 상대방인 그들, 즉 상사, 리더 그리고 책임자들이 더 나은 결정과 선택을 하도록 돕는 것이다. 어려운 시기에 조직에게 주어진 목표를 달성할 수 있도록 하는 커뮤니케이션 도구인 것이다. 그 관점에서 CMM을 다시 한번 살펴보자. 결론을 말하고, 시장(경쟁사)을 언급하고, 최종적으로 나, 정확히는 우리의 견해를 밝힌다면 보고의 과정은 한결 여유로워질 것이다.

CMM은 변화를 이끄는 기술이다. 대단한 것을 창의적으로, 그리고 화려하게 말하는 것이 우리가 하는 보고의 목표는 아니다. 그보다는 시장과 우리의 상황에 맞춰 지금 당장 해야 할 것을 구체적으로, 하지만 담담하게 말하는 것이 우선되어야 한다. 오히려 이런 것이 진정성 있는 보고, 보고하는 사람의 가치를 높이는 보고, 보고를 받는 사람이 만족하는 보고, 결국에는 조직의 성장을 위한 제대로 된 보고라는 점을 기억해두자.

4
'안 되는 이유' 백 가지 대신
'되는 이유' 한 가지를 말하라

'해시태그'란 용어가 있다. 특정 핵심어 앞에 '#' 기호를 붙여서 식별을 용이하게 하는 메타데이터 태그의 한 형태다. 참고로 내가 페이스북에서 주로 사용하는 해시태그는 이렇다.

#와인 #엘지트윈스 #책 #자기계발 #맛집

당신은 내가 공개한 해시태그만으로도 내가 어떤 사람인지를 알 수 있을지도 모르겠다. 하지만 극히 일부만 공개한 것이니 나를 다 안다고 하지는 마시기를 바란다. 그럼에도 불구하고 누군가의 해시태그는 중요하다. 보고를 하는 사람이라면? 최소한 보고받는 사람의 해시태그가 무엇인지 정도는 파악해야 한다.

보고받는 사람을 단순하게 모두 같다고 할 수는 없겠지만 그럼에도 불구하고 공통적으로 묶을 만한 해시태그가 있긴 하다. 이를 공개한다.

#보고받기싫음 #귀찮짜증 #인내심고갈 #맞춤법도모르냐
#날괴롭히려고보고하니 #엎어버려말아

보고받는 사람의 해시태그 첫 번째가 '보고받기싫음'이라니 의외라는 생각이 들지 않는가. 그런데 이건 실화다. 어쩌면 나와 당신 주변에서 지금도 일어나고 있는 현실일지도 모른다. 실제로 한 대기업의 조직 문화 컨설팅을 진행했던 분이 이런 이야기를 꺼냈다.

"대기업 임원들이 가장 피하고 싶은 일정이 뭔지 아세요? 보고받는 거래요. 하하하."

이유는 이랬다.

첫째, 하루에 보고를 받는 횟수가 너무 많다.

둘째, 사람마다 제각기 보고 스타일이 다르다 보니 그것에 적응하기가 어렵다.

셋째, 보고를 받은 사람이 결국 보고 내용에 대해 책임져야 하니 정신을 집중해서 들어야 한다.

한마디로 '보고받는 일은 피곤해!'라는 것이었다. 그럼에도 불구하고 '열심히 준비한 나의 보고만큼은 끝까지 포용력 있는 모습으로 들어주겠지?'라고 생각한다면 그건 '정당한 기대'가 아니라 '무모한 착각' 아닐까.

그들이 보고받기 싫어하는 이유에서 중요한 시사점 하나를 찾아낼 수 있다. 보고란 문제 나열이 되어서는 안 된다는 것이다. 그러잖아도 골치 아픈 일로 가득한데 찾아와서 징징대며 부서의 현안 문제를 주절주절 말하는 부하를 예쁘게 봐주는 리더는 조직에 그리 많지 않다. 문제를 말해야 하는 그 순간조차도 긍정적 관점에서 설명할 수 있을 때 보고의 끝은 아름답게 마무리된다.

되돌아보면 조직에서 승승장구하는 사람들 중에 '부정론자'는 거의 본 적이 없었던 것 같다. 조직에서 속된 말로 '잘나가는' 사람들 대부분은 '긍정론자'였다. 나는 어떠했는가. 부끄럽지만 불만과 불평이 많았다. 문제 해결을 위한 대안을 말하기보다는 문제점 그 자체에 대해 분노를 터뜨리는 데에만 몰두하는 부정론자였다. 그래서? 조직에서 인정받는 데 실패했다. 부끄럽다.

문제를 제기하고 또 그걸 빨리 해결하라고 조직에 윽박지르는 것, 중요하다. 하지만 그건 사실 '그들', 즉 조직의 리더가 해야 할 일이다. 우리는 자신이 맡은 일에서 시작된 문제를 해결하기 위해 긍정적으로 노력하려는 모습을 보이면 된다. 그것을 보고의 말투에 섞으면 된다. 그뿐이다.

보고에서 긍정성은 대단히 중요하다. 과거에 회사에서 직속 선배로 모셨던 임원 한 분의 말씀 역시 절대 긍정을 포기하지 말라는 취지였던 것 같다.

"'안 되는 이유' 백 가지를 말하기는 쉽습니다. 하지만 상사는 '되는 이유' 한 가지를 듣고 싶어 합니다. 불가능 속에서도 누군가는 성과를 내기 마련인데 조직은 그런 사람을 찾고 있습니다. '문제없습니다. 걱정하지 마세요. 그건 제가 해결할 테니 맡겨주세요!' 이렇게 보고하는 사람은 키워주고 싶은 인재로 보입니다. '이래서 안 돼, 저래서 안 돼'라고 하는 사람은 조직의 썩은 사과로 보이고요."

'키워주고 싶은 인재'가 될 것인가, 아니면 '썩은 사과'가 될 것인가. 그건 보고 내용의 긍정성, 그것 하나에서 결정될

수 있다. 안 되는 이유를 찾느라고 헤매지 말자. 정말 되는
방법이 없는지를 스스로에게 묻고, 결국에는 답을 찾아 제
안하는 긍정적인 보고를 할 줄 안다면 조직은 금방 우리를
알아봐줄 것이다.

5
'보고'와 '보고서'는 전혀 다르다

나는 부족한 부분이 생기면 내 돈을 내서라도 고치려는 욕심이 있다. 솔직히 고백하자면, 보고를 잘하는 편이 아니었다. 이럴 땐 돈의 힘을 빌리면 된다. 시간을 내어, 그리고 돈을 들여 '보고의 달인'이 되도록 만들어준다는 강좌를 찾아냈다.

강사 선생님의 경력이 화려했다. 삼성, LG 등에서 직급별로 보고 관련 강좌를 진행했단다. '믿거나 말거나'이긴 하지만 수강생의 만족도도 높았다(고 말했다). 그런데 교육 시작 후 얼마 지나지 않아 강사가 말했다.

"자, 이제 그림으로 당신의 생각을 그려보세요."

하얀 A4 용지에 동그라미를 치고, 그다음엔 삼각형을 배치하고, 마지막엔 네모를 그려놓은 후 거기를 채워나가면서 보고서의 구조를 습득하라고 했다. 짜증이 훅 밀려들었다. 이게 뭐지? 그림을 예쁘게 그리고 있으면 보고를 잘하게 된다니, 이런 궤변이 있는가.

나는 보고서가 문제가 아니었다. 보고가 문제였다. 보고서와 보고는 다르다. 보고서는 글로 이루어진다. 시간이 소요된다. 문제가 생기면 피드백의 시간도 나름대로 있다. 보고는 다르다. 말로 한다. 시간? 보고를 받는 상대방은 기다려주지 않는다. 피드백은 '즉각!' 이루어져야 한다.

말 한마디 잘못해서 왕창 깨지는 순간을 모면해보고 싶은 마음에 보고 관련 강좌를 들었는데 무슨 그림 타령? '돈 날렸다'는 생각에 의욕이 '팍!' 하고 사라졌다. 다행히 친절하게 환불을 해주셔서 아픈 마음이 더 악화되는 건 막을 수 있었다. 어디 이 강좌뿐이었을까. 수많은 기획 그리고 보고 관련 강좌들이 대부분 이랬다.

짜증스러웠다. 도대체 왜 보고를 가르친다는 강사들은 보고에 대해 이야기하지 않고 보고서, 그림, 수식, 도식화, 프레젠테이션에 대해 이야기하는 걸까. 이에 대해 생각해봤고 그 끝에 '아, 이분들이 대부분 회사 생활을 그리 오래 하지 않아서가 아닌가?' 하고 스스로 결론짓게 되었다. 그들이 진행하는 '단팥 없는 찐빵' 스타일의 강의가 그제야 이해가 되었다.

우리에겐 보고가 우선이다. 보고서는 그다음 문제다. 현란한 양식으로 보고서를 만드는 사람은 어쩌면 자기만족에 빠져 상대방을 바라보고 있지 못하는 건 아닌지 되돌아봐야 한다. 물론 보고와 보고서가 함께 필요한 경우가 많으니 나름대로 보고서를 화려하게 꾸며서 보고받는 사람을 유혹하려는 시도가 무작정 나쁘다고는 하지 못하겠다.

하지만 보고서가 아무리 화려하더라도, 아니 알맹이가 있는 내용으로 꽉 찼더라도, 그것을 말로 표현하는 보고가 서투르면 보고를 받는 그들은 보고를 하는 우리를 의심한다. 어딘가에서 베껴 온 내용들이라고 생각하면서 말이다. 그래서일까. 요즘 리더들 중에서는 보고서 혹은 보고 장표를 들고 오지 말라고 하는 분들도 꽤 있다.

"그냥 몸만 들어와서 보고하세요."

"보고서 만드느라 시간 보내지 말고 간결하게 지금의 상황만 브리핑해보세요."

우리는 그들의 이런 요구에 응할 수 있어야 한다. 보고서에 머리를 박고 읽기 급급한 보고를 즐겨 듣는 상사는 없다. 화려한 보고서에 현혹되는 수준 낮은 상사도 찾아보기 힘들다. 보고는 사람과 사람이 마주하는 자리다. 보고서란 사람과 사람이 마주하는 자리를 빛내기 위한 도구다. 그 어떤 상황에서도 사람이 빠져서는 안 된다.

보고서를 만드는 것은 보고와는 다른 차원임을 다시 한번 기억하자. 보고서를 만들 때는 파워포인트를 잘 다뤄야 한다. 색깔 및 음영의 선택도 중요하고, 도형의 삽입도 적절해야 하며, 어휘 역시 서술형(예: "고객의 접근이 용이하도록 거점별로 2개의 매장을 두어야 합니다")이 아닌 명사형(예: "고객 접근을 고려, 거점별 2개의 매장 배치")으로 표현해야 하는 등 고민해야 할 점 역시 한두 가지가 아닌 것은 사실이다.

보고서를 잘 만드는 사람은 보고서를 보는 사람이 '보는 스트레스'를 받지 않도록 노력한다. 보고를 잘하는 사람이 보고를 듣는 사람에게 '듣는 스트레스'를 주지 않는 것처럼 말이다. 그림을 잘 그리고 이미지나 동영상을 보고서에 잘 삽입하여 보고받는 사람이 편하게 볼 수 있게 하는 것이 보고서 만드는 사람이 할 일이라면, 결론과 시장 상황, 그리고 현재 자신의 위치를 정확히 파악한 후 이를 일련의 순서에 따라 전달하는 것은 보고를 하는 사람이 할 일이다.

정리하자면 보고서를 잘 만들려고 애쓰는 것은 일단 보고를 잘하고 나서 할 일이다. 아무리 보고서를 잘 만든다고 해도 보고에서 우왕좌왕하는 사람을 인재로 인정해주는 회사는 많지 않다.

6
때와 장소를 가리지 말고 보고한다

보고는 사람과 사람이 만나는 일이다. 사람과 사람의 관계는 만남에서 이루어진다. 보고의 순간은 보고해야 할 상대방과 만나게 되는 그 모든 시간 그리고 장소와 관련이 있다. 일상의 시간과 장소에서 이루어지는 것이 보고이기에 우선 그들의 시간과 장소를 내 것으로 만들어야 한다.

직장 생활을 해보니 세상의 모든 윗사람은 '그들의 편'을 원한다는 것을 알게 되었다. 그들의 편? 과격하게 표현하면 '내 새끼'를 키우려고 한다. '그들의 내 새끼'가 되는 순간 직장 생활은 편해진다. '그들의 내 새끼'가 되고 싶다면? '그들의 내 새끼 흉내'를 낼 줄 알아야 한다. 어떤 것이 있을까.

특별한 지시가 없어도 적절한 정보를 수집하고 보고하는 것이 대표적이다. 보고가 잘되지 않는다고 한탄하기 전에 혹시 그동안 '그들의 내 새끼 흉내'를 내고 있었는지 살펴볼 일이다. 예를 들어보자. 당신이 윗사람에게서 "아, 맞다. 김 팀장, 지난번 말한 A회사 입찰 건, 언제 보고할 수 있지?"라는 말을 들었다고 해보자.

이 말을 듣는 순간 당신은 괴로워해야 한다. 왜? '그들의 내 새끼'가 될 기회를 한 번 놓친 것이기 때문이다. 더 나아가 만약 "요즘 바쁘지? 얼굴 보기 힘드네?"라는 퉁명스러운 말까지 듣는다면? 이미 당신은 그들에게 '남의 새끼'일지도 모른다. 당신의 보고가 늘 '그 모양 그 꼴'인 이유는 바로 여기에서 시작된다는 것을 절대 잊지 말아야 한다. 왜 그런가.

윗사람인 그들은 불안하다. 승자독식의 원칙이 지배하는 곳, 즉 조직 안에서 매일 경쟁을 하고 있다. 경쟁에 지쳤기에 주변의 모든 사람을 '내 편인가 아닌가'라는 잣대로 바라본다. 자신이 키워줄, 하지만 언젠가는 자기를 보호해줄 사람을 자기 테두리 안에서 만들어내고 싶어 한다. 어떻게? 일상의 대화를 통해서.

이를 파악했다면 우리는 타협, 아니 결심해야 한다.

"줄 건 주겠다. 대신 받을 건 받겠다."

줄 건, 보고다. 받을 건 직장에서의 승진, 연봉 상승, 편안함 등이다. 보고 하나로 발전과 성장을 얻어낼 수 있다면 충분히 해볼 만하지 않은가. 그런데 보고를 준다는 것, 보고를 한다는 것에도 중요한 철칙이 있는데 그건 바로 윗사람인 그들의 시간과 장소를 장악하는 일이다. 이제 다짐해야 한다.

"때와 장소를 가리지 않고 악착같이 보고하겠다."

보고를 하겠다고 덤벼드는 우리를 상사인 그들은 인재라고 받아들인다. 왜 그런 것일까.

두 가지 측면이 있다. 우선, 보고에 적극적인 사람치고 조직의 핵심적 리더로 성장하지 않을 사람은 없다. 지금은 그들이 리더다. 하지만 미래의 리더는 우리다. 성장이 눈에 보이는 우리를 그들이 우습게 볼 리가 없다.

다음으로 그들은 언젠가 자리를 내려놓을 사람이기 때문이다. 그들이 조직으로부터 이탈되었을 때, 그리고 우리가 조직의 리더로서 확고한 자리를 차지했을 때, 아쉬운 소리 한마디라도 해야 하기에 우리를 쉽게 보지 못하게 된다.

남들이 함부로 대하지 않는 사람이 되고 싶은가. 그렇다면 보고하라. 보고할 기회를 늘 요청하고, 보고할 기회에 보고를 하고, 미래에 보고할 것에 대해 피드백을 받아라. 이왕이면 커피 한 잔을 들고 가서 윗사람과 대화할 기회를 악착같이 얻는 것도 괜찮다.

'설득의 과학'을 연구하는 데 전 생애를 바치며 세계적인 명성을 얻은 로버트 치알디니 교수는 자신의 책 《설득의 심리학 2》에서 이렇게 말했다.

"커피나 음료수를 들고 가서 건네준 다음 설득을 시작할수도 있다. 그렇게 하면 말을 듣는 사람은 말을 하는 사람의 메시지에 우호적인 반응을 보일 것이다."

그는 말한다. 음료수 한 잔이 강력한 설득의 도구가 될 수 있다고. 여기에서 커피 한 잔이라는 것에만 집중해서는 안된다. 커피 한 잔이 의미하는 것은 장소의 변화, 그리고 시간의 흐름이다. 아직 감정이 채 사라지지 않은 공간에서 벗어나 그 흔적들이 남아 있지 않은 새로운 시간, 새로운 장소를 찾아가는 것은 보고를 좀 더 성공적으로 하기 위한 작지만 꽤 효과적인 기술이다.

참고로 만약 당신이 소위 '조직의 젊은 피'라면 보고의 중요성은 더욱더 높아진다. 왜 그런가. 요즘 젊은 친구들은 윗사람과 함께 어울리려 하지 않는다. 이 사실은 반대로 말해

당신에게 기회라는 것이다. 그들이 움츠러들 때 당신이 먼저 다가가서 보고하고 피드백을 잘 처리해나간다면 조직에서의 상당한 성과를 온전히 당신이 가져갈 수 있다. 잘나가는 미래는 필연적으로 돌아올 선물이고. 보고를 받는 그들의 시간과 장소를 당신의 것으로 만들 수 있기를 바란다.

7
보고받는 사람과의 유사성을 찾아내라

두 명의 팀장이 있다. 김 팀장은 늘 목표 의식이 뚜렷하다. 절박함이 가득하며 그만큼 열정도 대단하다. 반면에 박 팀장은 여유롭다. 일에 집중하는 것 같지도 않고 어떤 때는 딴생각만 가득한 게 눈에 보인다. 그런데 이상하다. 윗사람한테 깨지는 건 여유로운 박 팀장이 아니라 절박한 김 팀장이니 말이다. 알고 보니 보고의 기술에서 차이가 있었다.

〈김 팀장 이야기〉

김 팀장은 윗사람에게 보고할 때 자신의 논리를 철저히 준비한다. 임원과의 충돌? 마다하지 않는다. 보고를 하다가 "잘 진행하고 있긴 하지만 현장의 목소리가 덜 반영된 것 같은 데……"라는 말을 들으면 "제가 데리고 있는 영업 사원을 통해 현장에 대해서도 조사한 결과를 말씀드리는 겁니다"라며 반박하기 일쑤다.

준비를 철저히 한 것이 오히려 부작용으로 작용하는 걸까. 보고를 받는 사람이 '그러나' 혹은 '그런데'라고 말하는 순간 얼굴이 붉으락푸르락하면서 화난 표정을 감추지 못한다. 그 결과는? 결국 퉁명스러운 어조로 "다시 정리해서 보고하세요"라는 말만 듣고 보고가 끝난다. 자신의 자리로 돌아와 괜히 애꿎은 부하 직원들만 타박한다.

〈박 팀장 이야기〉

박 팀장은 임원에게 보고할 때 임원의 논리를 악착같이 수용하려고 한다. 임원이 말하면 적절한 순간에 고개도 끄덕이고, 별 얘기가 아니어도 열심히 메모하는 (척하는) 모습을 보인다. "잘 진행하고 있긴 하지만 현장의 목소리가 덜 반영된 것 같은 데……"라는 말을 들으면? 설령 현장에 대한 조사가 보고에 잘 반영되었다고 하더라도 "아, 제가 그 점을 소홀히 했습니다. 돌아가서 적극적으로 검토한 후 다시 보고드릴 때 반영하겠습니다"라며 한발 물러선다.

그런데 이상하다. 박 팀장의 보고는 늘 '해피 엔딩'이다. '다시 보고하라'는 말조차 듣지 않는다. 대신 윗사람으로부터 "그나저나 박 팀장, 우리 내일 점심이나 같이 하지?"라는 제안만 받을 뿐이다. 자신의 자리로 돌아와서는 괜히 보고에 관련된 일을 하는 팀원을 불러 칭찬한다. "이 대리 덕분에 내가 이사님한테 칭찬받았어. 땡큐, 땡큐!"

《설득의 심리학 2》에서 로버트 치알디니 교수는 '비슷할수록 끌리는 유사성의 법칙'을 설명하면서 "사람은 가치, 신념, 나이, 성별 등 개인적인 특성을 공유하는 사람들의 행동을 따를 가능성이 가장 크다"고 말했다. 예를 들어 전혀 모르는 사람에게 우편으로 설문지를 보낼 때 한 그룹에는 설문지를 받는 사람의 이름과 비슷한 이름을 발신자로, 다른 한 그룹은 비슷하지 않은 이름을 발신자로 했는데 비슷한 이름의 발신자로부터 설문지를 받은 그룹의 참가자들이 발신자와 이름이 비슷하지 않은 그룹의 참가자들보다 설문지를 작성해서 보낸 비율이 거의 두 배가 높았다는 것이다.

마찬가지다. 보고의 과정에서 보고하는 사람은 보고받는 사람과 유사성을 찾아내려는 노력을 해야 한다. 보고를 받는 사람이 "나쁘다!"고 하면 '나쁘다'는 것을 일단 인정하고 수용하며 그다음 이야기를 이어나가야 한다. "좋다"라고 하면 "좋다"라고 하면 된다. 그렇게 보고받는 사람과 자신의 '유사성'을 찾아나갈 때 보고는 한결 여유로워진다. 굳이 보고받는 사람에게 '나는 당신과는 생각이 다른 사람이오'라고 티낼 이유는 없다.

아이들의 말이긴 하지만 '노잼'이란 말이 있다. '노(no)'에 '재미'를 붙인 말로 '재미가 없다'는 뜻이다. 보고에서의 노잼이란 무엇일까. 보고받는 사람의 말에 '노'를 붙이는 순간 재미없어지는 건 아닐까. 보고받는 사람에게 보고를 하는 우리가 "노!"라고 말하는 순간 그들은 우리에게 "뭐?"라는 말로 역습을 시작할 것이다. 이를 기억해둔다면 조직 생활을 하는 데, 직장 생활의 필수적인 커뮤니케이션 형식인 보고를 하는 데 큰 도움이 될 것이다.

솔직히 나는 이렇게 보고하지 못했다. 보고받는 사람의 생각이 나의 생각과 조금만 달라도 참지 못하고 '노!'를 남발했다. 왜 그랬을까. 내가 만들어낸 보고를 있는 그대로 받아주지 못하는 윗사람에 대한 서운함 때문이었을까. 그래 놓고는 또 후회는 얼마나 했던지. '아! 그러지 말았어야 했는데.'

자신의 기준만으로 하나의 이슈를 판단하는 것만큼 타인과의 충돌을 촉발하는 행동도 없다. 판단을 보류하고 잠시 '지금 이게 무슨 상황인가?'를 생각해보는 노력만으로도 우리의 보고는 '흐르는 강물처럼' 잔잔하게 끝날 수 있다. "음, 알겠는데 내가 생각했을 땐 말이야"라며 한 소리 듣기 시작했다고 괜히 긴장할 것이 아니라 오히려 여유롭게 그들의 부정을 받아들이자. 그런 뒤에 다음의 몇 가지를 염두에 두면서 보고에 임한다.

첫째, 그들(상대방)을 관찰하면서 그들이 공감하지 못한 것은 무엇인지 생각한다. 여기엔 잠시의 시간이 필요하다. 너무 성급하게 그들의 생각을 판단하려 하지 말자. 둘째, 그들과 공감할 수 있는 포인트 하나를 찾아내어 말한다. 예를 들어 "맞습니다. 이사님처럼 생각했어야 했는데 그러지 못했습니다. 죄송합니다"와 같이 말하는 것이다. 일종의 인정이자 수용이다. 셋째, 그들이 얘기하고자 하는 의도를, 처음에 말한 의도를 찾아낸다. "시장이 문제가 아니라 우리 내부적인 역량에 대해 제가 간과했습니다. 말씀 반영하여 다시 보고하겠습니다. 조언해주셔서 감사합니다."

나도, 그리고 당신도 이제 보고를 잘할 수 있다.

8
보고에 '쯤'은 없다,
숫자 민감도를 높여라

   아마 직장 생활 5년 차쯤 됐을 때의 일인 것 같다. 팀장님이 나에게 그달의 매출 실적을 물어보셨다. 나는 말했다. "그게, 음, 4억쯤 될걸요?" 불호령이 떨어졌다. "영업 사원이 자신의 숫자를 모른다니 말이 됩니까?" 그때는 '뭐, 그럴 수도 있는 거 아닌가?' 하는 반감을 가졌다. 반성한다. 나의 철없던 생각이 부끄럽다.

   조직의 구성원이라면 숫자는 비즈니스 커뮤니케이션에서 가장 중요한 요소임을 기억해야 한다. 보고 역시 마찬가지다. 숫자가 중요하지 않은 보고란 있을 수 없다. 숫자는 보고의 언어 중에서도 중요도가 가장 높은 것이다.

참고로 조직의 '그들', 그들 중에서도 제일 '잘나가는 그들'일수록 '숫자 민감도'는 비례하여 높아진다. 그들에겐 '마누라와 자식 빼고 가장 중요한 것'이 숫자일지도 모른다. 마트에서 "이거 얼마예요?"라고 고객이 물어볼 때 점원이 "꽤 비싸요"라고 말하는 일이 있을 수 없듯이, 보고에서도 정확한 숫자 하나만큼은 절대 놓쳐서는 안 된다.

　다시 나의 반성으로 돌아온다. 나는 숫자의 중요성을 간과했었다. 숫자에 대한 타박을 받고서도 머리를 긁적이면서 "그게…… 얼마였더라?" 하며 멋쩍은 미소로 넘어가려 했다. 그건 그냥 넘어갈 수 있는 사안이 아니었다. 마케팅을 한다면, 스태프 부서에 있다면, 영업 사원이라면, 심지어는 개발 부서의 구성원이라도 숫자 하나만큼은 제대로 장악해둬야 한다. 영업 사원이라면 고객 만족도, 순증 고객의 추이, 월별 실적 등은 늘 마음에 새겨두어야 한다.

　리더가 되어서야 비로소 나는 숫자가 최고라는 걸 알게 되었다. 조직에서는 위로 올라갈수록 숫자, 실적이 중요하다는 것을 느꼈다. 나는 평소에 조직의 팀원들에게는 인자한 모습으로 "요즘 좋은 일 있나요?"라며 여유롭게 웃던 윗사람이 팀장들을 불러놓고는 "숫자가 안 되는 팀, 잠이 옵니까?"라며 불호령을 내리던 모습을 뚜렷이 기억한다.

나 역시 그랬다. 평사원일 때 안 보이던 것들 중에 리더가 되자 가장 잘 보인 것이 내가 맡은 조직의 숫자, 즉 실적이었다. 숫자에 대해 민감하지 못한 조직 구성원의 보고를 받을 땐 답답했다. 화가 났다. "2억쯤 부족할걸요?", "대충 천만 원 정도 차이가 날 겁니다" 같은 말을 부하 직원의 입에서 보고라고 들을 땐 기가 막혔다. 물론 '쯤' 운운하는 부하 직원들에게 '쯤' 겸손하게 말하지 못했던 내가 부끄럽기는 하지만.

조직의 '그들'은 우리와 입장이 근본적으로 다르다. 특히 숫자에 관해서는 더욱 그러하다. 숫자가 잘못되면 문제가 아닌 것도 문제가 되는 경우가 흔하기 때문이다. 보고를 받는 그들은 숫자로부터 발생하는 갭(gap)이란 단어를 두려워한다. 두려워하는 만큼 민감하다. 예를 들어보자.

우리는 말한다. "시킨 일만 하면 됐지!" 그들은 생각한다. '도대체 어떤 성과를 갖고 올 거지?' 시간이 지나 우리는 시킨 일만 하고 그들은 우리가 한 일에 대한 '숫자'를 받게 된다. 그리고 우리가 한 일과 그들이 기대한 성과 사이의 큰 괴리와 마주한다. 여기에서 충돌이 일어난다.

"이게 뭡니까?"

"하라고 해서 했는데 안 되는 걸 어떻게 해요."

숫자 하나로 생기는 비극이다. 그래서 숫자는 늘 자신이 활용하는 확실한 도구여야 한다.

마케팅 세일즈 전문가인 장문정 소장은 그의 책 《왜 그 사람이 말하면 사고 싶을까?》에서 숫자는 누군가를 설득할 때 명확성을 극대화하는 도구라고 말한다.

"고객은 또렷함을 사랑한다. '수십 번의 테스트를 거친 배낭!'이란 카피는 최악이다. 이도 저도 아닌 뭉뚝한 말이다. 명확하지 않으니 진실해 보이지도 않는다. 이와 대조적으로 한 가전 회사는 자사 세탁기를 홍보할 때 '전원 스위치를 비롯한 모든 버튼을 정확히 5만 번씩 눌러보고 옷을 5,000번 빨아보는 테스트를 한다'고 구체적으로 말한다. 이러면 진실성도 올라간다."

어떤가. 상대방의 논리를 제압하는 보고의 기술로 숫자를 활용해보겠다는 마음이 들지 않는가. 보고는 결국 숫자가 전부다. 그들과 나의 멀고 먼 거리를 좁히려면 숫자에 대한 민감도를 높여야 한다. 우선 자신의 숫자가 무엇인지 — 예를 들어 매출 목표 등 — 알아야 한다. 알았다면 지금 내가 현재 어느 위치에 있는지 수시로, 가능하면 일일 단위로 파악해야 한다.

그리고 그 숫자를 암기해야 한다. 수능 공부를 하는 건 아니지만 숫자를 직접 펜으로 종이에 써보는 것도 좋다. 숫자를 무시하지 않는 사람은 자신이 지금 어디쯤에 있는지를 아는 사람이다. 목표와의 차이를 아는 사람이고, 갭이 생기면 그것을 극복하기 위한 방법을 생각하는 사람이며, 결국 그 차이를 극복하겠다는 보고를 놓치지 않는 사람이다. 숫자를 보고에 민감하게 반영할 줄 아는 사람, '숫자 인지 감수성'이 높은 사람, 그가 곧 인정받는 사람이다.

9
'노(no)' 대신 '노코멘트'

'노(no)'라고 말하는 건 위험하다.

노라고 말하는 순간 상대방을 '노(怒)'하게 만든다. 그럴 바엔 아예 말하지 않는 게 낫다. 지루한 말이 그들의 입에서 끝도 없이 나올 때 당신은 어떤 선택을 하는가. 똑같은 말이 30분 이상 반복되고 있다면 당신은 어떻게 말할 것인가.

"그건 아까 하신 말씀인데 그만하시면 안 될까요?"

보고를 받는 그들이 당신의 말에 "아, 그렇군요. 제가 실수 했군요"라며 고개를 끄덕여줄까. 천만의 말씀이다. 아마 그런 상사가 있기는 있을 수도 있겠다. 자치구별로 한 명씩 정도? 존재하지 않는 혹은 드문 존재를 찾아서 헤매기보다는 우리가 일상에서 만나는 평범한 이들을 보고받는 사람이라고 생각하는 게 오히려 마음이 편하다. 그렇다면 어떻게 대응할 것인가. 지루하고 재미없으며 아무런 가치가 없는 말들을 끝도 없이 늘어놓는 그들에게 줄 것은 '노코멘트'다.

'노코멘트(no comment)'란 무엇인가. 의견이나 논평 또는 설명을 요구하는 물음에 답변하지 않는 것이다. 노코멘트의 형식에는 세 가지가 있다. 하나는 말 그대로 아무런 응답을 하지 않는 것이다. 단, 표정이 중요하다. 노코멘트다운 표정을 지을 수 있어야 한다. 인상 팍 쓰고 있는 건? 노코멘트가 아닌 강력한 코멘트다. 몸짓언어를 강렬하게 사용하고 있는 셈이다. 그러니 여유로운 표정으로, 가끔은 고개도 끄덕이며, '할 말 다 해보시죠'라는 표정을 지으며 진정한 노코멘트를 하길.

또 다른 노코멘트가 있다. 바로 그 상황을 회피하는 행동이다. 대화에서 빠져나오는 현명한 방법 중 하나다. 고정관념에 사로잡힐 필요는 없다. 노코멘트라고 해서 오직 말만 하지 않는 게 아니니 말이다. 그 상황을 회피하는 행동으로 노코멘트와 같은 효과를 얻을 수도 있다. 지루한 대화가 계속되거나 당신의 일정으로 인해 자리를 이동할 때가 되었다면 이런 식으로 말을 자르면 된다.

"실례합니다. 제가 화장실에 좀⋯⋯."

"좋은 말씀 더 듣고 싶은데 부서 회의가 있어서 자리를 옮겨야 하겠습니다."

마지막으로 상대방의 질문에 대해 아는 바가 없음을 말하는 것도 현명한 노코멘트의 기술이다. 이는 직장 생활에서 써먹을 데가 많다. 우연히 임원을 만났다. 그가 팀원인 당신에게 "이 대리, 요즘 자네가 속한 팀이 어수선하다고 하는데 무슨 문제가 있나? 팀장이 팀원들이랑 사이가 안 좋나? 아니면 목표에 미달할 것 같아서 그런가?"라고 물었다고 해보자. 이럴 때 어떻게 대응할 것인가.

아무 말도 하지 않고 미소만 짓고 있겠다고? 그건 일종의 반항이다. 예의가 아니다. 그렇다고 "맞습니다, 이사님. 어떻게 아셨어요? 요즘 팀장님과 박 차장님이 서로 질책하고 반항하고 난리도 아닙니다"라고 말한다면 당신의 입이 새털처럼 가벼움을 증명하는 셈이다. 이럴 때 제대로 된 노코멘트가 필요하다. 노코멘트가 아닌 듯한 노코멘트인 것이다. 이렇게. "글쎄요. 이사님 이상으로 제가 아는 게 없습니다. 제가 윗분들의 사정은 잘 몰라서요."

보고라고 하면 무작정 말을 많이 해야 한다고 생각하는 사람들이 있다. 하지만 그렇지 않다. 모든 질문에 답을 할 필요도 없다. 물론 어렵다. 실시간으로 말이 오고 가는 상황에서 짧은 순간에 노코멘트를 할지 말지, 어떤 노코멘트를 해야 할지 망설일 수밖에 없기 때문이다.

이럴 때는 두 가지 마인드와 하나의 선택 포인트를 기억해두면 좋다. 두 가지 마인드는 다음과 같다. 첫째, 상대를 위해 할 수 있는 걸 말하고 있는가. 둘째, 나를 지키는 말인가. 마지막으로 하나의 선택 포인트는 이렇게 말씀드리고 싶다.

"말할까 말까 망설여진다면 말하지 않는다."

10
내 생각이 아닌
상대의 생각에 집중하라

20년 이상 조직 생활을 했던 한 선배는 윗사람에게 보고를 하다 소위 '깨지게' 되는 순간 그 험악한 분위기를 누그러뜨리는 가장 적절한 말이 있다면서 이렇게 말해야 한다고 했다.

"이사님, 죄송합니다. 제가 거기까진 미처 생각을 못 했습니다."

이런 말을 하면 윗사람은 '아이고, 괜히 착한 친구한테 스트레스를 준 거 아닌가?' 하면서 화를 거둔다는 말이었다. 누군가에게 보고를 해야 하는 상황이라면 몇 번 써먹을 만한 보고의 기술이다. 뭔가 자신을 질책하는 것 같으면서도 상대방의 생각에 대해서는 '그래, 그럴 수도 있겠다' 하는 말투가 아닐까 싶다. '내 그럴 줄 알았다'와는 정반대에 위치한, 보고를 편안해지게 하는 말이다.

김상훈 서울대 경영대학 교수와 광고 전문가 박선미가 함께 쓴 책 《진정성 마케팅》의 서문에 이런 이야기가 나온다.

"언젠가 한 기업인이 저에게 '요즘 마케팅은 한마디로 뭔가요?'라고 물은 적이 있습니다. 저는 잠시 생각하다가 '사과의 기술 아닐까요?'라고 답변했는데 지금 생각해도 잘 대답한 것 같습니다. 브랜드 명성의 위기, 불신과 폭로의 시대에 아무리 조심한다고 해도 사과할 일이 생깁니다. 그때가 왔을 때 '논리적인 해명'은 결코 정답이 아닙니다. 소비자가 원하는 것은 '진정성 있는 사과와 실질적인 보상'이지 변명이 아니거든요."

보고란 결국 나와 다른 생각을 가진 누군가를 설득하는 일이다. 그 누군가는 대부분 나보다 더 높은 지위와 권력을 가진 사람들이다. 그들과 소통하다 보면 분명히 안 좋은 소리를 들을 수도 있다. 그때는 그저 사과하면 된다. 대신 더 잘 해내겠다고 말하면 된다. 그리고 새롭게 보고 준비를 하면 된다. 그뿐이다. 괜히 마음에 상처를 입고 스트레스를 받는 것보다 백만 배 낫다. 원래 보고는 그들의 것이었으니 보고가 힘든 건 당연하다는 사실을 마음에 새겨두길 바란다.

보고 한번 잘해보겠다고 애쓰는 당신의 노고, 인정한다. 당신이 보고를 준비하는 과정에서 고민한 '모든 것들'을 그들에게 아낌없이 보여주려는 시도도 인정한다. 당신의 노력, 당신의 마음은 적극적으로, 온 힘을 다해 인정한다. 단, 하나 약속을 했으면 좋겠다. 당신의 생각을 굳이 그들에게 강요하려 하지 않겠다고, 그들의 지적에 대해 좀 더 여유롭게 대응할 것이라고.

이렇게 여유를 가지면 실수하지 않는다. 적절하게 건조하면서도 할 말은 다하는 보고를 진행할 수 있다. 사실 '재미없나?'라고 생각하며 괜히 있는 거 없는 거 다 끄집어내면서까지 우리의 생각을 모두 말하는 순간 불행의 기운이 싹튼다. '아, 바로 이거였지!'라면서 우리가 스스로에게 감탄할 때, 한편에서 보고를 받는 그들의 표정을 살펴보라. 혹시 묘하게 일그러지고 있는 건 아닌지.

보고는 왜 하는가. 당신이 뭔가 좀 다른 사람이기에 특별한 자신만의 아이디어로 세상을 바꿀 수 있다고 확신해서 보고를 하고 있는 건가. 상대가 누구든 — 후배든, 동료든,

윗사람이든, 심지어는 당신 회사의 CEO든! – 한판 붙을 준비가 되어 있다면, 뭐, 그렇게 해도 좋다. 그게 아니라면, 잔잔하게 직장 생활을 하고 싶다면 대단한 무엇을 보고의 내용과 형식에 넣겠다는 오만함은 버리자.

그렇다고 자신의 생각을 전혀 담지 말라는 이야기는 아니다. 보고를 받는 그들에게 강요하지만 말라는 것이다. 꼭 하고 싶은 말이 있다면 보고하는 도중에 몇 마디 정도로 슬쩍 전달하면 된다. 다만 보고의 첫머리나 결론, 혹은 하이라이트 부분에서 당신의 생각을 함부로 말해서는 곤란하다.

오직 보고만일까. 보고서도 마찬가지다. 파워포인트를 띄우고 발표하는 경우라면 인포그래픽을 적극적으로 사용하는 것도 나쁘지 않다. 하지만 (보고받는 사람의 입장에서는 유치하기만 한) 인포그래픽만 잔뜩 붙여서 보고서 양을 늘려봐야 보고를 받는 리더들로부터 "자료 만드느라 고생은 한 거 같은데…… 그나저나 말하고자 하는 게 뭐지?"라는 핀잔만 들을 것이다.

보고는 문제를 전제로 한다. 문제에 대한 해결책으로 가는 '과정'만 정확하게 말하면 된다. 해결책을 바로 제시하겠다는 생각은 무모하다. 물론 보고가 한두 번으로 끝나야 하는 상황이라면 마음이 급할 수도 있겠다. 그렇다고 하더라도 함부로 의견을 내놓으려는 시도는 잠시 참아내도록 하자.

보고를 그 순간에 한 번에 끝내겠다는 각오보다는 보고의 시작 전에 그들이 생각하는 해결책, 즉 목표 지점을 묻는 일을 더 충실하게 해보는 편이 낫다. 보고를 하는 그 순간까지 그들이 생각하는 것을 물어보면서 이슈를 명확하게 하고, 그로부터 듣게 되는 피드백을 적극적으로 보고에 반영한다면 우리의 보고는 꽤 괜찮은 것이라 할 수 있다.

이때 심리적인 안정이 필요하다. 보고를 할 때 자신에게 돌아오는 시선만 경계하다가는 위축되고 또 서두르는 일도 생긴다. 보고를 받는 상대방을 걱정하면 되는데 보고받는 그들의 눈에 비친 자신의 모습에 신경 쓰느라 말이 많아지고 그러다 결국 실수를 하게 되는 것이다.

일본의 심리학자인 에노모토 히로아키는 자신의 책《나쁜 감정 정리법》에서 "자기 자신에 대해서만 신경 쓰는 게 아니라 상대를 제대로 바라보게 되면 서서히 마음이 통한다. 중요한 건 나의 외부 세계로 눈을 돌리고 사람들을 대할 때 진심으로 관심을 기울이는 것이다"라고 조언했다.

보고를 할 때는 '내가 어떻게 보이고 있는 걸까?'를 고민하기 이전에 상대방인 그들의 모습에만 관심을 두면 된다. '(보고를 받는) 본부장님이 어쩐지 기운이 없어 보이네. 무슨 고민이 있으신 걸까?' 혹은 '오늘은 무척 활기차 보이시는데, 좋은 일이 있으셨나?'라면서 말이다. 이렇게 하면 심리적으로 안정을 찾을 수 있고 보고도 한층 여유로워진다.

다시 정리해보자. 보고는 우리의 생각을 꺼내어 보고를 받는 그들에게 강요하는 과정이 아니다. 그 반대다. 그들의 생각을 조심스럽게 꺼내도록 하는 과정이다. 목표 지점과 그 목표를 향해 달려가는 조직의 괴리, 즉 갭을 확인한 후 그에 대한 대응책을 정리하되 이때 우리의 생각이 아닌 그들의 생각에 집중하려는 자세가 필요하다. 이것만 알아도 보고는 수월해진다. "니들이 보고를 알아?"라는 상사의 말에 "모릅니다. 가르쳐주십시오"라고 말할 여유만 있다면 보고가 더 이상 두렵지는 않을 것이다.

2
관점을
바꿔라

상대의 입장에서
생각하기

1
"내 생각이 그 생각이야!"를
들을 수 있어야 한다

　"사장님께 보고드릴 보고서를 어떻게 준비하고 있는지 부사장님께 미리 보고하기 위한 보고서 쓸 준비를 이전에 제가 보고한 이 보고서 보고 정리해서 보고하세요."

　뭔가 돌고 도는 말, 씁쓸하다. 한편으론 서글프다. 우습다기보다 답답함에 가슴이 아프다. 어디 작은 회사의 보고가 이러면 또 그런가 보다 하겠다. 글로벌 기업에 근무하는 한 직장인은 "윗사람이 알아듣게 보고서를 쓰다 보니 일곱 살 우리 딸도 알아듣더라"라는 자랑인지 한탄인지 모를 이야기를 했다. 보고 때문에 하루가 가고, 보고서 때문에 이틀이 가는 우리의 조직 문화, 어떻게 개선될 수는 없을까.

안타까운 건 안타까운 거고, 조직 문화 개선에 따른 보고 형태의 발전을 기다리기만 하는 것도 내 인생에 대한 예의가 아니니 어찌 되었든 우리는 보고를 잘하는 능력을 키울 수밖에 없다. 보고는 사실 좋은 것이다. 보고를 할 수 있기에 일의 진행 상황을 공유할 수 있고, 결과의 예측 가능성을 확보할 수도 있으니 말이다. 보고야말로 조직의 핵심적인 의사소통 수단이니 무작정 이를 배척하기보다는 '나의 것'으로 만들려는 욕심 정도는 있어도 된다.

보고의 가장 중요한 특징은 무엇일까. 보고의 의미를 결정하는 사람이 보고자인 나와 당신이 아닌 바로 상대방인 그들이라는 점이다. 이를 잊는 순간 제대로 된 보고는 불가능하다. 보고 때문에 찍히는 사람이 되는 억울한 일을 겪게 된다. 보고 하나 때문에 우리의 가치가 훼손된다면 얼마나 황당한가.

어떻게 하면 보고를 잘할까. 보고를 받는 그들의 방식으로 생각하고 그들의 방식으로 말해야 한다. 이를 위해 세 가지 염두에 둘 만한 요소가 있다. 이를 차례로 확인해보도록 하자.

첫째, 정확해야 한다. 보고를 받는 사람들이 가장 싫어하는 것 중 하나가 거짓 보고다. 문제를 해결하는 방법, 성과를 얻어내는 창의적 도구 등을 찾는 것도 중요하지만 그 어떤 것과도 바꿀 수 없는 건 보고에는 절대 거짓이 있어서는 안 된다는 점이다. 자료의 정확성을 검증하는 일은 보고자의 가장 중요한 임무다. 참인지 거짓인지 확인하는 일까지 보고받는 사람에게 미룬다는 것은 보고자로서 적절한 태도가 아니다.

다음으로 쉽게 말해야 한다. 이런 말을 하면 우습지만 눈높이 맞추기는 아이들과 하기 이전에 보고를 받는 사람과 할 수 있어야 한다. 보고자의 언어로 보고가 진행되어서는 곤란하다. 상대방이 알아들을 수 있어야 한다. 만약 상대방이 이해하지 못한다면? 그건 전적으로 보고자의 잘못이다. '윗사람이 알아듣기 쉽게 보고를 준비하다 보니 일곱 살 딸도 알아들었다'는 경험은 답답하긴 하지만 바람직한 경험이다.

마지막으로 가능하면 논리적이어야 한다. 사실 정확하고 쉽게 말하면 논리성은 그대로 따라올 테다. 정확하고 쉬운데 논리의 비약이 있을 수는 없기 때문이다. 이를 위해서는 충분한 조사가 요구된다. 인터넷에서 찾아본 얼마 안 되는 조사 자료를 갖고 함부로 보고에 임해서는 안 된다. 가능하면 현장을 직접 확인한 자료를 보고의 내용에 포함시켜야 한다.

한숨만 나오는가. 정확하면서도 쉽게, 하지만 논리적으로 보고한다는 것, 당연히 만만치 않은 과정이다. 이 중 하나가 없어도 되는 것이 아니니 보고자의 입장에서는 힘이 들 수밖에 없다. 하지만 보고란 그 자체로 직장 생활이며 결국 자신의 성장을 좌지우지하는 가장 비중 높은 행위임을 생각한다면 보다 나은 보고를 위한 노력을 무작정 회피할 일은 아니다.

보고를 잘함으로써 우리가 얻고자 하는 건 무엇인가. 솔직히 말해보자. 조직의 혁신적인 변화에 기여하는 것? 모든 사람이 당신을 우러러보는 시선? 아닐 것이다. 그저 보고받는 사람으로부터 "내 생각이 바로 당신 생각이야!"라는 말 한마디 듣는 것일 테다.

'쳇, 그 사람이 뭐라고, 내가 그의 말에 일희일비(一喜一悲)해야 하는 거야?'라고 생각하는 순간 당신의 보고는 삐딱해진다. 갈등이 생기고 충돌이 벌어지며 결국 직장의 일상은 고단해진다. 보고를 통해 우리들은 지금 당장, 편해지고 싶다. 그렇다면 힘들더라도 보고의 기술을 익히려는 노력이 필요하지 않을까. 나의 보고가 그들의 생각과 일치하는 그 날까지, 계속.

2
보고의 본질은 상대가 말하고 싶은 것을 대신 말해주는 것

'아이메시지(I-message) 화법'

자기의 감정, 자기의 마음을 전달하는 표현의 방법이다. 너무나 당연해서 이게 뭐 대단한 것일까, 라고 의심스럽게 생각할 수도 있겠다. 결론부터 말해보자면 아이메시지 화법은 서로를 더 잘 이해할 수 있는 마법과 같은 힘을 발휘한다. 이를 일상에서 활용하면 상대방의 감정을 건드리지 않으면서 관계를 유지해나갈 수 있게 된다.

관계에 문제가 생기는 경우를 생각해보자. 대단한 잘못 때문이었던가. 아니다. 그저 사소한 감정싸움에서 시작되는 게 대부분이다. 아이메시지 화법은 상대방을 섭섭하게 하지 않는다. 듣는 사람에게 쓸데없는 오해를 주지 않기 때문에 악화될 관계도 정상적으로 개선할 수 있다.

예를 들어 당신이 팀장이라고 해보자. 팀원이 보고를 하는데 뭔가 잘못된 것 같다면 어떻게 말을 하겠는가. 일반적으로는 상대방의 잘못을 지적하고 그 잘못을 고쳐야 한다고 생각하며 "이 대리, 이게 뭐야? 똑바로 해야지. 다시 해와"라고 말한다. 이때 '아이메시지 화법'을 잘 쓰는 당신이라면 달리 말할 것이다.

"나는 이 대리가 잘못되기를 원하지 않아. 다시 하는 게 어떨까 나는 생각해."

팀장인 당신의 말 중에서 이 대리는 어떤 것에 마음의 상처를 받지 않을까. 상대방의 잘못에 집중하는 대신 자신의 생각과 감정을 담담히 표현하는 아이메시지 화법이 이 대리에게 한결 편하게 들리지 않을까. 이는 일상의 여러 장면에서 다양하게 활용할 수 있다. 예를 들어 약속을 못 지켰다면 "지난번에 이 대리가 미루는 바람에 나도 약속을 못 지킨 거 아닙니까?"라고 말하기보다는 "이 대리를 실망시키고 싶지 않았지만 급한 일이 생겨서 어쩔 수 없게 됐습니다"라고 말하는 것이다.

하지만 안타깝게도 아이메시지 화법은 보고에는 어울리지 않는다. 물론 아이메시지 화법을 보고의 여기저기에 활용하는 것은 좋겠지만 기본적으로 보고는 나의 '감정'을 상대방에게 전달하는 것이 아닌 상대방이 얻고자 하는 정보를 제공하는 것이기 때문이다. 직장인이라면, 조직의 구성원이라면, 자신의 감정을 드러내는 보고는 위험하다.

개인적으로도 보고가 되었건, 대화가 되었건 내 감정을 남발해서 후회스러운 기억이 많다. 보고를 통한 감동은 절제된 감정에서 비롯된다는 점을 알았으면 좋겠다. 물론 자신의 감정을 드러내는 아이메시지 화법과 정반대에 있는, 즉 '너'를 주어로 하는 '유메시지(you-message) 화법'을 사용하라는 것도 아니다.

아이메시지 화법도 아니고 유메시지 화법도 아니라면 도대체 보고에 적합한 화법은 무엇이란 말인가. 답은 '유억셉트(you-accept)' 화법이다. 나 중심적 메시지를 지양하고, 상대방에게 책임을 떠넘기는 화법도 주의해야 한다. 보고자의 입장에서 '내가 무엇을 생각하고 진행할 것인지'를 말하는 것은 잘못된 보고다. 대신 상대방의 입장에서 '내가 왜 이것을 해야 하고, 어떻게 진행할 것인지'를 말하는 보고를 해야 한다.

보고를 잘하겠다고 초안을 잘 짜고, 도식화해보고, 그림도 그려보고, 나름대로 논리 구조도 아름답게 꾸며본다고 난리를 피우지만 우리의 보고가 늘 '그 모양'인 이유는 우리가 상대해야 할 그들을 이해시켜보겠다는 무모함 때문이다. 보고는 상대방을 이해시키는 과정이 아니다. 상대방이 원하는 것을 대신 말해주는 과정이다.

이를 정리하면 다음의 두 가지로 요약될 수 있겠다.

첫째, 보고는 보고자가 보고받는 사람을 이해시키는 과정이 아니다.

둘째, 보고는 상대방이 말하고 싶은 것을 대신 말해주는 것이다.

오해가 있을 것 같아서 설명을 하고 지나가야겠다. 만약 당신이 일하는 직장이 보고자가 보고받는 사람을 이해시킬 때까지 토론이 가능한 곳이고, 보고자가 말하고 싶은 것을 보고받는 사람이 끝까지 들어주는 분위기라면 위의 두 가지는 쓰레기통에 버리길 바란다. 하지만 그게 아니라면 ─ 당신이 원하는 직장의 분위기가 아니라, 현재 당신이 재직 중인 회사를 객관적으로 바라보길 바란다! ─ 위에서 말한두 가지는 기억해둘 만하다.

　나의 말을 하지 못하고 상대방의 언어를 고민해야 하는 것이 당혹스러울 수도 있을 테다. 하지만 여기에 무작정 거부감을 느끼기 전에 나와 다른 상대방을 조직 속의 한 구성원으로서 객관적으로 들여다보고, 결국에는 관계 속에서 자신을 성장시키는 기회로 삼는 것이 어떨까. 할 수 있는 일이라면 기꺼이 하는 것이, 견뎌야 할 일이라면 기꺼이 견뎌내는 것이, 인생에서는 요구된다. 보고 역시 마찬가지다.

3
재수 없는 놈이 될 것인가,
재수 있는 분이 될 것인가

Q. 다음 문제를 읽고 물음에 답하시오.

중견기업에서 판매 대금 관련한 사고가 있었다. 임원이 해당 팀의 팀장에게 전화를 걸었다.

"김 팀장, 어떻게 된 거야."

당신이 임원으로부터 전화를 받은 팀장이라고 해보자. 어떻게 대답했을 것 같은가. 다음 보기에서 골라보라.

① "죄송합니다. 제가 재수가 없는 놈인가 봅니다. 중요한 때에 이런 일이 생기다니, 왜 이렇게 안 풀리는 건지 모르겠습니다."

② "염려하지 마세요. 제가 멋진 관리자가 되려나 봅니다. 리

더의 자리에서 앞으로 더 어려운 일도 겪을 텐데 이런 일을 미리 겪었으니 관리자로서 훈련받는 것이라고 생각합니다. 잘 처리하겠습니다."

당신은 ①번을 선택했는가, ②번을 선택했는가. 위의 사례는 실제 중견기업 대표이사를 지낸 분의 책에서 읽은 사례다. 위의 예를 들면서 그는 이렇게 말했다.

"당신이 두 팀장을 총괄하는 임원이라고 해보자. '멋진 관리자가 되려고 훈련받은 사람'과 '재수 없는 놈' 중에 누구를 미래의 리더로 삼을 것인가?"

내가 먼저 고백하겠다. 회사에서 '재수 없는 놈'을 자처하는 말을 자주 했던 사람이 바로 나였다. 문제가 생기면 책임을 '재수 탓'으로 돌렸다. 영업 사원으로 근무하면서 목표를 달성하지 못하게 되면 온갖 변명을 갖다 붙이느라 바빴다. '사람들은 춤추고 싶지 않으면 땅이 젖었다고 말한다'는 외국 속담처럼 나는 성과를 내지 못했을 때 다른 요인을 탓하느라 정신이 없었다. 부끄러운 일이다.

"시장 환경이 나빠지고 경쟁사의 저가 공세가 심화되어 매출 목표를 달성 못 했습니다."

"원래 영업은 복불복 아닌가요. 올해는 제가 재수가 없어서 실적이 엉망인 거고요."

'면피 욕구'에서 벗어나지 못하고 옹졸한 표현을 하는 데 망설이지 않았다. 뛰어난 궁수는 활이 과녁 한복판에 맞지 않으면 자신을 탓한다고 하는데 나는 과녁을 탓했다. 과녁이 이상하다면서 말이다. 왜 부끄러움을 몰랐던 걸까. 반성한다. 이제는 매사에 긍정적인 언어로 말하면서 회사에 진 빚을 조금이나마 갚아나가려 노력하고 있다.

어쨌거나 여기서 교훈을 얻으시길 바란다. 회사는 당신의 변명을 너무나도 잘 알고 있다. 문제가 있으면 그것에 대해 받아들이되 그 문제를 미래에 어떻게 개선할 것인지에 대해 긍정어로 자신을 표현하는 게 정답이다. 보고를 하는 순간 당신이 스스로를 말해야 할 때 절대적으로 선택해야 할 것은 '재수 좋은 분'이다.

보고의 순간에 자신을 함부로 비하하지 않고 오히려 높이기 위해서는 평소 일상에서의 언어 역시 긍정과 능동으로 가득해야 한다. 그래야 애먼 말을 하지 않는다.

"꼭 성과를 내겠습니다."

"그건 반드시 됩니다."

"제가 해보겠습니다."

"일단 해보는 게 어떨까요?"

하지 말아야 할 말들에는 어떤 것들이 있을까.

"에이~ 안 돼요."

"그게 될까요?"

"해보지 않아서 모르겠습니다."

"실패하면 큰 리스크가 따를 텐데요."

"제가 하기에는 어려울 것 같아요"

"글쎄요, 잘될지는 해봐야 알죠."

평소에 별 생각 없이 사용하는 말들이 많다. 상황을 부정하려는 의도는 없지만 실수를 줄이고 책임을 지겠다는 마음에서 했던 말도 있다. 책임감이 강한 사람들이 오히려 이런 말을 자주 쓰기도 한다. 하지만 이런 신중함도 습관으로 굳어지면 위험하다. 직장에서 자신의 운명을 좌우할 수 있는 결정적인 순간에 말실수를 할 수도 있다. 그러니 조직에서 보고의 언어를 선택할 때는 이왕이면 긍정적인 언어를 적극적으로 선택하기를.

4
보고란 '보고 나서' 생각해보겠다는 뜻이다

중견기업에 근무하는 한 개발자가 자신의 신세를 한탄하면서 이렇게 얘기했다.

일일 계획, 주간 계획, 월간 계획……

일일 보고, 주간 보고, 월간 보고……

팀장 보고, 임원 보고, 사장 보고……

일은 언제 하냐?

씨X!

갑갑한 직장의 보고 문화가 절실하게 느껴져서 안타깝다. 하지만 지금 이를 모두 바꿀 수는 없는 노릇이다. 세상이 조금씩 좋아지고 있으니 조직의 보고 문화 역시 개선되기를 바랄 수밖에. 이 상황에서는 보고를 하는 입장에 있는 사람이 조금 더 노력해야 한다.

자신의 잘못이 무엇인지 확인해보는 것이 도움이 될 수 있다. 예를 들어 보고자가 늘 하는 착각이 있는데 바로 '보고를 하는 중간에 반드시 승인을 받겠다'는 오만한 생각이다. 당신이 혹시 지금까지 보고를 하면서 늘 단 한 번의 보고만으로 승인이 났다면, 그건 다음의 둘 중 하나다.

1) 당신은 보고의 천재, 보고의 신이다. 태어날 때부터 보고의 능력을 타고났다. 이럴 확률? 0.001퍼센트!

2) 1)의 경우가 아니라면 당신이 재직 중인 회사가 이상한 곳이다. 보고에 신경 쓰기 전에 이직이나 창업을 준비하라.

한 번에 통과되는 보고가 일상이라면 자신의 보고 능력에 스스로 감탄하기보다는 비상 상황이 일상인 세계경제 속에서 여유로운 조직의 분위기를 오히려 걱정해야 한다.

보고는 전쟁과도 같다. 보고는 어려워야 정상이다. 보고가 어려운 이유는 세상이 어렵기 때문이다. 세상이 어렵기에 회사도 어렵다. 무엇이 어려운가.

환경의 변화가 극심한 것이 어렵다. 환경이 급속도로 변하니 기업들은 창의성을 최고의 가치로 두고 사업 전략을 세우며 경쟁사와 차별화를 해야 하는 상황에 직면했다. 노키아, 닌텐도, 소니 등 세계적 기업들도 경영난을 겪는다. 이런 상황에서 조직은 조심스러울 수밖에 없다. 조직의 미래에 대한 의사결정을 하는 도구인 보고는 그래서 어려워야 정상이다.

보고의 개념을 다시 정립해야 한다. 보고는 아랫사람이 윗사람에게 의사결정을 위한 사실과 의견을 겸손하게 말하고, 그것을 윗사람이 '보고' 생각하는 것이다. 말장난 같지만 '보고를 보고' 다음 액션을 준비한다는 말이다. 그러니 '한 방'에 끝나는 보고를 기대하지 말자. 건방이 보고를 엉망으로 만드니까.

보고는 말로 하는 것이다. 한마디의 말로 모든 것을 끝내겠다는 생각은 욕심이요, 무모함이다. 한 번으로 해결되지 않은 보고에 대해 스스로를 자책하는 것은 겸손을 넘어 오만이다. "나는 젊었을 때 열 번 시도하면 아홉 번 실패했다. 그래서 열 번씩 시도했다"는 조지 버나드 쇼의 말에 귀를 기울여야 하는 이유다.

보고를 잘하고 싶다면 보고받는 사람의 시선으로 보고를 바라보는 연습을 늘 해야 한다. 그들에게 동의를 받고 싶다면 그들이 되어보아야 한다. 《1984》와 《동물농장》을 쓴 작가 조지 오웰은 작품에 등장시킬 빈민층에 대한 이해도를 높이기 위해 런던의 한 가난한 거리에서 사람들과 친구가 되기를 주저하지 않았단다. 빈민가에 사는 사람들과 친구가 되었고 이를 통해 자신의 편견을 고칠 수 있었다고 한다. 조지 오웰의 노력을 보고자인 우리도 본받을 수 있지 않을까. 스스로 이렇게 생각해보는 것이다.

'이번 주 한 주는 내가 팀장이다. 팀장의 눈으로 팀원들을 살펴보겠다. 어떻게 해야 할지 팀장의 관점에서 파악해보겠다.'

힘들겠지만 스스로 조금이라도 이런 노력을 기울인다면 달라진 자신의 모습을 문득 발견하게 될 것이다. 이를 통해 그들을 바라보는 당신의 생각이 부정적 관점의 '왜?'가 아닌 긍정적 관점의 '그렇구나!'로 바뀐다면 보고의 내용과 형식도 극적으로 개선되리라 생각한다.

　그들의 마음을 조금이라도 이해한다면 나의 보고가 한 두 번 '리젝트(reject, 거부)'된다고 해도 낙심하지 않을 것 같다. 보고란 그들이 나의 보고를 '보고 나서' 결정하는 것임을 받아들이는 데에도 부담이 없으리라 본다. 이 마음만으로도 우리의 보고에 대한 스트레스나 두려움은 얼마든지 줄어들 수 있다. 관점의 변화, 즉 나의 생각이 아닌 그들의 생각을 바탕으로 하겠다는 마인드가 보고를 보고답게 만드는 지름길이 될 것이다.

5
보고받는 사람이 통제하고 있다고
느끼게 하라

'보고에 대한 모든 것을 완벽하게 장악하고 싶다.'

'왜 이 보고가 필요한가? 왜 이 보고가 우리 조직에서 지금 당장 실행으로 이어져야 하는가?'

이렇게 생각하는 당신, 아름답다. 하지만 다소 과도한 긴장감이 보인다. 보고를 채택하는 것은 보고자인 우리가 아닌 그들의 몫이다. 우리는 보고의 사용자인 그들이 누구인지, 그들을 움직이는 것은 무엇인지를 정확히 이해하는 데에만 관심을 두면 된다.

우리의 보고는 보고를 받는 그들에 의해 통제될 수밖에 없다. 아니 솔직히 말하자면, 그들은 보고자를 통제하는 느낌을 원할지도 모르겠다. 보고받는 사람의 입장에서 생각해보자. 보고를 하는 보고자의 말에 일방적으로 끌려다니는 느낌, 별로일 것 같지 않은가.

나는 아침마다 머리에 왁스를 바른다. 왜? 나의 외모를 '컨트롤'하고 싶어서다. 나의 외모를 컨트롤한다는 것에는 나의 세계에 무슨 일이 일어나고 있는지를 이해하고 또 그것에 적극적으로 대응하고자 하는 욕망이 투영되어 있다.

"보고에도 감성적 니즈를 반영해야 한다"고 누가 말한다면 그 말은 아마 '보고를 받는 그들이 스스로 보고의 전반을 컨트롤하고 있다는 느낌을 받게 하라'는 뜻이라고 해석하면 정확할 것이다. 그러하기에 보고의 순간에 우리는 보고를 받는 그들이 '내가 이 보고의 모든 상황을 제어하고 있어!'라고 느끼게끔 해야 한다.

언뜻 생각하면 '뭐야, 누군가의 통제에 이리저리 끌려다니란 말이야?'라며 반감이 들 수도 있겠지만, 달리 생각하면 이건 꽤 괜찮은 보고의 기술이다. 보고에서 의사결정으로 이르는 과정의 주도권을 넘겨주는 것을 가슴 아파할 필요 없다. 적절하게 통제의 권한을 넘기면서 끌려다니는 모습을 보이는 것은 보고를 쉽게 끌고 갈 수 있는 방법이니 말이다.

'(보고를 받는) 그들이 (보고를 하는) 당신의 보고를 제어하고 있다고 느끼게 할 것.'

기억하길 바란다.

물론 많은 것을 한꺼번에 보여주려는 당신의 의지, 이해한다. 완벽함을 추구하는 당신의 개성, 존중한다. 하지만 모든 것을 담고 있으며 티끌 하나 문제가 없는 '퍼펙트한' 보고라도 할지라도 그들에게 통제의 권한을 넘겨주지 못하는 보고라면 환영받지 못한다는 사실을 기억하길 바란다. 그들의 기대는, 놀랍게도 늘 우리의 기대와는 다르다. 이건 세상 모든 보고자가 기억해두어야 할 보고의 전제 조건이다.

이쯤에서 '딜리버리(delivery)'란 개념을 소개하고자 한다. 보통 '배달, 전달'로 뜻을 알고들 있는데 이 단어에는 다른 의미도 있다. 컨설팅 프로젝트 분야로 가면 '딜리버리'는 '클라이언트가 기대(expect)하고 있는 걸 빠짐없이 충족해주는 것'이라는 뜻이 된다. 보고도 마찬가지 아닐까. 클라이언트를 보고받는 사람들이라고 가정한다면 그들의 뜻을 충족하는 데 모든 관심을 기울이는 것이 보고자의 첫 번째 의무가 아닐까.

힘들다고? 그렇다, 보고는 어렵다. 그러니 그들에게 한마디 뱉어도 된다. "언제까지 '빠짐없이 충족된 보고'를 부르짖을 거야? 그러는 당신은 '빠짐없이 충만한 인간'이냐?" 물론 마음속으로 울부짖어야 한다. 겉으로는 방긋방긋 웃고.

6

보고받는 사람이 기쁨과 흥미를
느낀다면? 퍼펙트!

대화법에 대한 강연을 자주 한다. 기업체에서는 상하 커뮤니케이션 및 고객 커뮤니케이션, 초중등학교에서는 부모와 자녀 간의 커뮤니케이션, 일반 교양강좌에서는 말투, 말눈치 등을 소재로 한다. 다행스럽게도 호응도 나쁘지 않은 편이다(라고 생각하고 싶다). 이 모든 강연에서 공통적으로 초반에 청중들께 말씀드리는 내용이 있다. '상대방에게 나의 말이 들리게 하려면'이라는 주제인데 내용은 대략 이렇다.

"상대방이 나의 말을 잘 듣게 하고 싶으시죠? 두 가지만 기억하시면 됩니다. 첫째, 상대방이 흥미를 가질 만한 것이어야 합니다. 상대방이 흥미를 느끼지 못하는 나의 어떤 말도 상대방에겐 들리지 않습니다. 둘째, 상대방에게 기쁨을 줘야 합니다. 기분 나쁘게 하는 말을 편하게 듣고 있을 사람은 세상에 없습니다. 정리할게요. 나의 말을 상대방이 듣게 만들려면 두 가지, 즉 나의 말은 상대방이 흥미를 느낄 만한 기분 좋은 말이어야 합니다."

혹시 나의 말이 늘 상대방에게 잘 전달되지 않는다면 이것만 기억해도 큰 효과가 있을 것이라 확신한다. '왜 저 사람은 나의 말을 못 알아들을까?'라며 답답해하고 있다면 당장 한번 적용해보시길.

오직 일상의 말이나 글만 이러할까. 보고도 마찬가지다. 보고를 받는 그들에게 나의 보고는 흥미로워야 한다. 흥미를 주지 못한다면 어떻게 해서든지 기쁘게라도 받아들일 수 있게 해야 한다. 기쁨과 흥미가 없는 그 어떤 보고도 보고를 받는 그들에게는 들리지 않는다. 예를 들어보자.

회사원 최 대리는 직속 상사인 김 팀장에게 보고를 할 때마다 지옥을 경험한다.

"이걸 보고라고 해요?"

"아니 보고의 기본이 안 됐잖아요."

"답답합니다. 그게 최선입니까?"

최 대리, 나름대로 최선을 다했다. 그런데 보고를 할 때마다 이런 상황이니 속된 말로 '멘붕'의 연속이다. 보고의 순서를 이렇게 저렇게 바꿔봐도, 선배의 의견을 들어서 결론부터 얘기해봐도, 찡그린 김 팀장의 표정은 변하지 않는다. 그러다 그는 깨달았다. 보고 자체가 문제가 아니었다는 것을.

알고 보니 직속 상사인 김 팀장은 직전 상사였던 박 팀장과 소위 '원수지간'이었다. 그런데 이 대리는 그것을 간과한 채 처음 보고를 할 때부터 김 팀장이 뭐라고만 하면 "박 팀장님은 이런 방식으로 하라고 하셨는데요?", "전(前) 팀장님께서는 결론부터 얘기하라고 하셨는데······"라고 하면서 현재 직속 상사인 김 팀장의 속을 긁어놨던 것이다. 그뿐이랴. 최 대리는 점심시간에 이전에 친했던 박 팀장과 식사를 같이 하느라 팀원들과의 식사에 빠질 정도였다.

이쯤에서 이미 보고 그 자체가 문제가 아님을 알아차렸을 것이다. 그런데 센스 없는 최 대리는 보고의 방식에 문제가 있다고 생각하면서 해결책을 엉뚱한 곳에서 찾고 있었다. 어떻게 해야 하는가. 그렇다. 보고를 하기 이전에 새롭게 부임한 김 팀장이 흥미를 느끼도록 해야 한다. 슬쩍 기쁨을 주는 말도 할 수 있다.

"예전에는 제가 지적받지 못하고 그냥 넘어간 내용이었습니다. 알려주셔서 감사합니다."

"팀장님 덕분에 제가 리스크를 줄일 수 있을 것 같습니다. 다행입니다."

어떤가. 보고의 내용과 형식을 개선하기 이전에 인간관계의 개선이 먼저다. 그게 보고를 아름다운 결말로 이끄는 길이기 때문이다. 자존심 상한다고 생각하지 말자. 가끔은 조금 덜 솔직해도 괜찮다. 스스로를 지키는 일이라면 적당한 말기술은 얼마든지 허용된다.

당신의 업무 능력, 보고 스킬, 의심하지 않는다. 단, 적절한 방법으로 윗사람의 동의를 얻어내겠다는 욕심 정도는 있었으면 한다. 똑같은 빵이라도 검정 비닐봉지에 넣어주는 것보다 예쁜 선물 포장이 된 것을 보면 더 맛있게 느껴지지 않는가. 보고에서도 적절한 포장술을 사용할 줄 아는 당신이 되길 바란다. 보고 그 자체로만 승부하겠다는 무모함은 살짝 내려놓고.

7
"그렇군요!" 이 말 하나만 잘해도

　부탁하는 사람이 부탁을 들어주는 사람에게 명령을 한다? 이치에 맞지 않는다. 같은 말을 해도 기분 나쁘게 말하는 사람이 있는 반면 듣기에 거북할 수 있는 말을 하는데도 상대방이 그걸 알아차리지 못하게 하는 사람이 있는 것처럼 부탁도 마찬가지다. 부탁을 명령처럼 들리게 하는 사람은 보고 스킬이 부족한 것이다.

　스킬이 부족할 뿐이니 그 부족함은 채우면 된다. '나는 원래 말을 이렇게 하는 사람이야'라면서 노력의 끈을 쉽게 놓아버리는 것은 비겁하다. 작은 것 하나부터 바꾸면 된다. 사소하지만 결정적인 스킬을 하나씩 하나씩 익혀나가다 보면 결국 "보고 하나만큼은 김 대리가 최고!"라는 말을 듣게 될 테다. 몇 가지 예를 들어보자.

첫째, 적절한 선택권을 부여할 것.

"이거 하셔야 합니다."

물론 당신이 이미 그들로부터 신뢰를 받는 상황이라면 이런 말도 서슴없이 할 수 있다. 하지만 위험하다. 보고받는 사람에게 적절한 선택권을 부여해야 한다.

"A 방법과 B 방법이 안정적이면서도 효율적인 것으로 분석되었습니다. 이사님이 선택을 해주시면 좋겠습니다."

양자택일 역시 다소 선택을 강요하는 느낌이 들 수도 있으니 이럴 때는 선택지를 늘려보는 것도 괜찮다.

"A, B, C 등의 대안이 있습니다. 어떤 것을 대안으로 선택해야 할지 조언 부탁드립니다."

참고로 보고의 선택지를 무작정 늘리는 건 오히려 보고받는 사람을 피곤하게 하니 조심할 것. "마케팅 툴을 모두 다 찾아서 정리했습니다." 이건 에러다.

둘째, '이렇게 하면 됩니다'라고 말할 것.

"이렇게 하면 안 됩니다", "이 상황이라면 문제가 있습니다" 그리고 보고 끝? 보고는 결국 해결책을 찾기 위한 경우가 대부분이다. 해결책을 제시하기는커녕 '불가능'을 선언하는 보고는 건방지다. 아무리 현황, 팩트 위주의 보고가 중요하더라도 자신의 의견이 전혀 들어가지 않은 보고는 보고답지 못하다. "이렇게 하면 가능합니다"라는 긍정적인 멘트를 당신의 보고에 담아야 한다. "떠들지 마!"보다는 "조용히 해줄 수 있지?"가 초등학교 학생들의 자발적인 학습 분위기를 유도할 수 있는 것처럼.

셋째, "그렇군요!"를 아끼지 말 것.

보고의 과정에서 그들의 말에 반대 의견을 제시할 순간이 왔다고 해보자. 이때 "그게 아니고요", "잘못 생각하신 것 같은데……", "그렇지만" 등의 말로 시작하면 안 된다. 부정의 말로 대화를 시작하려 하는 순간 상대방은 바로 방어 자세를 취하기 때문이다. 더구나 지금은 보고 상황 아닌가. 명령이 아니라 부탁을 하는 것이 보고의 본질이라는 점을 잊지 말아야 한다. 그렇다면 어떻게 말해야 할까. "그 말씀을 들으니 좋은 생각이 떠올랐습니다", "조직 관점에서 보면 충분히 그럴 수도 있다는 생각을 제가 미처 하지 못했습니다" 등으로 상대의 발언을 일단 긍정하라. 상대방의 입가에 미소가 지어지는 것을 보고 나서 비로소 적절하게 당신이 하고 싶은 말을 편안하게 하면 어떨까. "혹시 필요하다면 이런 의견도 가능할 것 같습니다"라면서.

보고는 부탁이다. 소위 '독고다이'로 살아갈 것이 아니라면, 조직에서 일하며 월급을 받아가려는 사람이라면 적절한 부탁의 기술을 보고에 활용할 줄 알아야 한다. 인간은 사회적인 동물이다. 독불장군식의 근성만으로는 해결할 수 없는 복잡한 문제로 꽉 찬 곳이 회사이고 직장이며 조직이다. 잘 살기 위해서라도, 편하게 살기 위해서라도 부탁은 우리의 보고 커뮤니케이션에서 존중되어야 마땅하다.

8
보고 '때문에'가 아닌
보고 '덕분에'로 살아가는 법

상대방의 입장에서 보고한다는 것이란 무엇일까. 대기업의 임원을 지내고 현재는 중견기업의 부사장으로 있는 한 분이 보고에 대해 다음과 같이 간결하게 정리해서 말씀해주셨던 것이 기억난다.

"'죄송합니다'로 끝날 보고라면 '죄송합니다'로 시작하는 것이 보고다운 보고다. 아는 것을, 연구한 것을, 있는 그대로 보고하는 것이 제대로 된 보고자의 마인드다. 죄송해야 할 것을 죄송하지 않은 것처럼 보고하면 거짓이다. 자랑할 만한 것을 자랑하지 않는 것 역시 건방이다. 윗사람은 바쁘다. 빙빙 돌려서 말하는 보고자는 짜증스럽다."

필요하면 자신의 약점을 드러내는 것이 상대방에게 더 호소력 있게 다가가는 기술이 되기도 한다. 무작정 자신을 방어하느라 상대방의 말에 날카롭게 반응하기보다 스스로 자신의 부족한 점을 적절하게 드러낸다면 오히려 커뮤니케이션으로서의 보고가 원활해질 수 있다. 자신을 과시하기 위한 이야기만 하려 한다거나 자신의 성과를 드러내는 데에만 말을 집중하는 사람에게 귀를 기울일 사람은 없다.

'세상을 바꾸는 18분의 기적'이라고 불리는 테드(TED)의 수장을 지낸 크리스 앤더슨은 자신의 책 《테드 토크(TED Talks)》에서 한 연설자의 겸손한 말투를 예로 들었다. 이를 우리의 보고에 참조하는 것도 괜찮겠다.

"긴장한 모습을 숨김없이 보여줄 때 호감이 가는 것도 같은 이유다. 청중은 엄두가 나지 않아서 주저하거나, 스스로 일으켜 세우느라 애쓰는 연설자를 격려한다. 발표 중 목이 멘다면 잠깐 말을 멈추고 물병의 물을 한 모금 마시면서 자신의 기분을 솔직하게 말해보라. '잠깐만요. 눈치를 채셨겠지만, 약간 긴장되네요'라고 말하면 어떨까? 아마도 따뜻한 박수갈채가 쏟아지고 청중들은 연설을 훌륭하게 마치길 함께 기도할 것이다."

그는 "어떤 무대이건 연설자가 자신의 약점을 솔직히 드러낼 때 특별한 힘을 발휘한다"고 했다. 보고 역시 마찬가지 아닐까. 자신을 방어하는 것도 정도껏 해야 한다. 무작정 보고받는 사람의 의견에 날을 세워 대응하기보다 자신의 부족한 점을 적절하게 드러낸다면 보고받는 그들 역시 '박수'와 '기도'를 해줄 것 같지 않은가.

만약 당신이 물에 빠졌다고 해보자. 그런데 수영을 못한다. 얼마 버틸 수가 없다. 물 밖에는 몇몇 사람들이 있지만 모두 당신이 빠졌다는 사실을 모르고 있다. 안타깝게도 물에 빠진 누군가를 구조할 만한 능력도 없는 사람들이다. 다행히도 저 멀리, 당신의 목소리가 직접 들리지는 않을 거리에 수영에 능숙한 구조대원이 걸어가고 있다. 이때 당신이 해야 할 일은 무엇인가.

첫째, "으악"이다.

당신이 위기 상황에 빠져 있음을 바로 보고해야 한다. '내가 그래도 체면이 있는데……'라고 생각하며 망설이는 동안 당신에게 주어진 '골든타임'을 놓친다. 비명을 질러서라도 당신이 절체절명의 위기에 빠졌음을 알려야(보고해야!) 한다. 주위의 사람들이 당신에게 더 관심을 갖도록 말이다.

둘째, "살려줘!"다.

당신이 평소 예의가 바른 사람이며 또한 생전 처음 보는 누군가에게 반말하는 것에 익숙하지 않다면 "살려주세요!"라고 말해도 된다. 하지만 가능하면 그냥 "살려줘!"라고 말하길 권한다. "살려주세요!"라면서 높임말을 할 힘이 있다면 그 힘으로 "내가 수영을 못해요. 그냥 놔두면 빠져 죽어요"라고 말해야 한다. 그래야 주변 사람들이 저 멀리 보이는 구조대원에게 당신의 상황을 알릴 것 아닌가.

셋째, "고맙습니다"이다.

"너 왜 더러운 입으로 인공호흡을 한 거야?"라고 적반하장으로 나온다면 구조해준 사람은 얼마나 허탈할 것인가. 그러니 말해야 한다. "수영도 못하는 저를 살려주셔서 고맙습니다."

보고도 딱 이렇게 했으면 좋겠다. 보고를 하는 이유를 절실하게 말하고("으악, 살려줘!") 그 보고에 대해 이런저런 말로 피드백을 해주는 상사에게 반드시 "고맙습니다"를 잊지 않는 것이다. 보고는 나의 것이기도 하지만 궁극적으로는 상대방, 즉 보고를 받는 사람의 몫이다. 의사결정을 하는 사람의 입장이 되어 보고의 과정을 생각해본다면 좋을 것이다.

특히 보고의 시작이 되었건 끝이 되었건 감사의 마음을 표시하는 것을 강조하고 싶다.

"제가 이 일을 어떻게 처리해야 할지 몰라서 괴로웠는데 덕분에 잘 해결될 것 같습니다. 고맙습니다."

"제가 맡은 일을 좀 더 잘 해내려고 고민했는데 구체적인 방법을 알려주셔서 큰 도움이 되었습니다."

보고는 늘 급박한 시간을 다투는 일이다. 그러니 늘 절박한 심정으로 보고에 임하라. 보고가 끝났다면? 감사의 뜻을 전하라. 보고의 기본이다. 이 두 가지만 확실히 해도 '보고 때문에'가 아닌 '보고 덕분에'라고 말할 일이 많아질 것이다.

9
보고의 무한 루프를 끊어내고 싶다면 질문하라

보고, 보고서, 제안서 발표 등의 공통점은 그것을 보고 듣는 상대방의 관점에서 생각해야 효과적으로 목표를 달성할 수 있다는 점이다. 다시 말해 상대방을 함부로 바꾸려 하지 않는 배려의 커뮤니케이션이어야 한다. 그렇다면 상대방의 관점에서, 상대방을 염두에 두고 하는 보고를 잘하기 위해서 필요한 건 무엇일까. 피드백과 질문이다.

조직에서 필요한 커뮤니케이션 수단으로서의 피드백은 '상대방의 말에 대한 반응'이다. 보통 보고는 '보고자가 보고한다→보고받는 사람이 피드백을 한다→보고자가 피드백에 대해 피드백을 한다'와 같은 과정을 거친다. '피드백의 피드백'이란 피드백을 해준 상사에게 반응하는 보고자의 보고를 말한다.

피드백의 피드백, 피드백에 대한 반응으로서의 보고는 질문의 형식으로 진행된다. 피드백을 받았다고 무작정 빨리, 급하게 답을 찾아 '재보고'를 하겠다는 욕심은 잠시 버렸으면 한다. 무작정 재보고를 한다면 보고받는 사람으로부터 "음, 다시 보고하세요"라는 말만 듣기 쉽다.

보고의 '무한 루프'를 끊어내고 싶다면 질문에 익숙해져야 한다. 질문은 보고를 하기 전에는 물론, 보고를 한 후 피드백을 받을 때도 늘 갖춰야 하는 보고자의 커뮤니케이션 무기다. 적절한 질문을 할 줄 아는 보고자만이 윗사람들이 원하는 보고의 길을 찾아낼 수 있다. 질문을 잘하는 것이야말로 상사의 승인을 쉽게 받아낼 수 있는 보고의 달인으로 가는 지름길이다.

언젠가 외국계 기업에서 사내 변호사로 일하는 분이 질문의 중요성에 대해 이렇게 말씀하시는 것을 들었다.

"상사는 자신의 지시 사항이 어떻게 구성원에게 전달되었는지에 대해 늘 궁금하다. '알아서 잘하는' 부하가 있다면 최고다. 하지만 그런 경우는 극히 드물다. 그래서일까. 보고의 과정에서 늘 일정과 진행 상황에 대해 대화를 나누려 하고 질문하면서 보고의 질을 높여가는 구성원을 보면 믿음직스럽다. 그리고 그런 구성원의 업무 결과물은 늘 만족스럽다. 당연하다. 이미 보고와 피드백, 그리고 질문을 통한 대화의 과정에서 커뮤니케이션이 완료되었으니까."

급할수록 돌아가라는 말이 있듯이 급할수록 질문을 아끼지 말아야 한다. 보고의 과정에서 질문과 피드백을 놓치지 않는다면 '벽창호' 같던 상대방도 결국 소통의 문을 열게 된다. 보고를 잘하면 단순히 업무를 잘하게 된다는 것 이외에 상사가 보고자를 믿게 된다는 추가적인 효과도 있으니 보고, 이거 하나는 제대로 해볼 만한 일이다.

'commitment'라는 영어 단어가 있다. 이 단어는 '약속'이란 뜻으로 사용되지만 '헌신'이라는 의미도 있다. 예를 들어 "윗사람의 커미트먼트를 얻었어!"라는 말은 자신의 보고가 상사에게 잘 전달되었을 때 사용하는 표현이다. 여기에는 '상사가 나의 업무 진행에 대해 승인했다'는 의미와 함께 '상사가 나의 업무 진행에 대해 헌신적으로 지원하기로 했다'는 뜻이 포함된다.

심리학자인 로버트 치알디니, 행동과학자인 스티브 마

틴, 그리고 UCLA 앤더슨 경영학교의 교수인 노아 골드스타인이 공동으로 연구하여 그 결과를 담은 책 《설득의 심리학 3》에서는 질문이 보고가 지향했던 목표에 도달하게 해주는 도구라고 언급한다.

"다른 사람으로부터 단순히 '예'라는 이야기를 듣는 것은 설득이 끝나는 지점이 아니라 설득의 시작점일 뿐이다. 의도한 대로 상대가 행동에 옮길 가능성을 높이려면 약속한 목표를 진행하기 위해 어떤 계획을 세울지 구체적인 질문을 몇 가지 해보는 것이 좋다."

보고의 끝을 보고받는 사람으로부터 '오케이'를 듣는 것이라고 생각했던 우리에게 깨달음을 주는 말이 아닐 수 없다. 보고를 받는 그들의 '오케이'에서 진짜 보고가 시작된다는 것을 기억해야 한다. 그때 보고를 마지막의 성과까지 끌고 가는 기술은 질문이라는 점도 잊어서는 안 되겠다.

보고는 상사의 승인은 물론 나의 일에 그의 자원을 지원하겠다는 약속을 얻어내는 일이다. 윗사람의 신뢰를 받고 거기에 더해 그의 자원까지 얻어낼 수 있는 보고의 기술인 피드백, 질문 등을 잘 익혀야 하는 이유다. 보고의 자리에서 상사로부터 받는 피드백에 대해 악착같이 대응하려는 노력을 아끼지 말자. '알고도 물어보겠다!'는 자세를 지니는 것은 상사로부터 "보고 잘한다!"라는 칭찬 이외에 '저 친구는 자세가 됐어!'라는 암묵적 인정을 받을 수 있는 방법이기도 하니까.

10
이메일만 달랑 보내는 것은
보고가 아니다

사무실 풍경이다.

반경 5미터 이내에 팀장 한 명과 팀원 네 명이 앉아 있다. 구성원 중 한 명인 박 과장, 팀장의 지시 사항에 대한 보고서를 지금 막 작성했다. 이메일을 열었다. 팀장을 수신자로 하고 보고서를 첨부한 후 보내기 버튼을 클릭한다. 그리고 옆의 동료에게 조용히 말한다.

"어이, 김 대리, 간신히 일 끝냈다. 커피 한잔 하러 가자."

자, 여기서 질문! 과연 박 과장은 팀장에게 '보고'를 한 것일까? 아니다. '통보'를 했을 뿐이다. 이상하다고? 보고서를 보냈으니 보고한 것 아니냐고? 생각해보라. 몇 걸음 앞에 팀장이 있다. 몇 걸음 앞의 팀장에게 이메일만 '달랑' 보내놓고서 '내 할 일 다 했다!'고 생각하는 건 착각이다. 그건 보고라는 내용을 가졌다고 하더라도 보고를 받는 사람의 입장에서는 통보다.

사무실 내에서 보고서를 제출해야 하는 상황이라면 다음의 5단계를 기억해두자.

1단계: 일어난다(이메일을 보낸 후 자리에서 일어선다)

2단계: 걸어간다(세 걸음 앞에 앉아 있는 팀장에게 간다)

3단계: 바라본다(인기척을 내어 팀장이 고개를 들게 한 후 눈을 본다)

4단계: 물어본다("잠깐 시간 되시는지…….")

5단계: 말해준다. 다음과 같이.

"보고서를 이메일로 보냈습니다. 검토해주시겠습니까?"

"팀장님. 말씀하신 전략 보고서입니다. 확인해주십시오."

"보고서를 이메일로 보냈습니다. 부장님께서 봐주시면 도움이 될 것 같습니다."

실제로 1단계에서 5단계까지 30초가 안 걸린다. 5단계까지 끝냈다면 이제 동료와 커피를 마시러 가라. 잘했다. 이래야 진정한 보고다. 별것 아니지 않은가. 문제는 별것 아닌, 너무나 당연한 이것을 모르는 보고자가 너무나 많다는 윗사람들의 불평이 끊이질 않는다는 것이다. 중견기업에서 일곱 명의 파트원을 두고 있는 파트장의 이야기다.

"바로 앞에 앉은 파트원이 보고서를 이메일로 보내놓고 아무 말도 안 할 때는 정말 당혹스러워요. 두 걸음 앞에 앉아 있으면서도 달랑 이메일 하나 보내놓고 내가 말하기 전까지는 하루든 일주일이든 그저 가만히 있으니까요. 그뿐인가요. 함량 미달의 보고서를 퇴근 1분 전에 이메일로 보내놓고 '칼퇴근'하는 파트원도 있어요. 어쩌란 말인지……."

그의 한숨과 탄식은 비단 그 한 사람만의 문제는 아닐 것이다. 아무리 세상이 간편해졌다고 하기로서니, 이런 정도면 곤란을 넘어 비관적인 상황 아닐까. 네 일, 내 일 나누는 습관에다 잘못된 개인주의까지 결합되어 생긴 참사다. 작은 컨설팅 회사에서 이사로 근무하는 분의 이야기도 마찬가지다.

"얼굴을 맞대고 의논을 해도 모자랄 판에 자기 생각만 담은 이메일 하나 달랑 보내놓고는 옆 건물 카페에서 스마트폰 게임을 하고 있는 부하 직원을 어떻게 생각해야 할까. 그는 도대체 무슨 생각으로 회사에 다니는 걸까."

남 일이 아니다. 당신은 정녕 이렇게 일한 적이 없는지 곰곰이 생각해봐야 한다. 두 걸음, 많아야 너덧 걸음 앞의 부장님, 팀장님, 이사님을 외면한 적이 없었는지 말이다. 이메일 한 통 보내놓고 회사와 커뮤니케이션을 완료했다고 착각하는 사람들이 의외로 많다. 이메일이나 문자메시지 등은 업무 스킬을 강화해주는 보조 도구일 뿐인데, 회사에서의 공식 커뮤니케이션 도구로 생각하는 사람들이 적지 않다.

언제부터인지 회사가 절간이 되어버렸다는 말이 있다. 이메일이나 문자메시지 혹은 메신저로 소통을 하는 것이 일상다반사가 되었다는 거다. 누군가는 우스갯소리로 회사 사무실이 '템플스테이 공간'처럼 되어버렸다고까지 말한다. 오케이. 그럴 수 있다. 하지만 보고에 관해서만큼은 이렇게 만만하게 대하진 말아야 한다.

한 직장인은 보고서과 관련된 자신의 일상을 '뫼비우스의 띠'라고 말하면서 '보고서 끝냈습니다→이거 수정하세요→다 고쳤습니다→이 부분이 미흡하네요……'의 연속이라고 한탄했다. 어쩌다 이렇게까지 된 것일까. 보고를 듣는 사람, 보고서를 읽는 사람의 문제는 잠시 제쳐두자. 우리가 해야 할 것만 하면 되니까. 무엇이 문제였을까. 어쩌면 얼굴을 보고 직접 자신의 목소리로 보고의 진행 과정을 커뮤니케이션하는 데 부족함이 있었던 것은 아닐까.

'보고를 하는데 매번 깨진다'며 짜증을 내기 전에 과연 보고를 어떤 방식으로 진행했는지 스스로를 돌아보면 어떨까. 혹시 보고답지 않은 보고를 아무렇지도 않게 해왔던 것은 아닐까. 자신이 귀한 대접을 받으려면 먼저 상대방을 귀하게 대접해야 한다. 보고를 통해 원하는 것을 얻고 싶다면 보고답게 보고를 하는 것이 먼저다.

3
문제의
단서를 찾아라

복잡한 상황을
단순화하기

1

나사(NASA)가 도입한 보고의 기술, 엘리베이터 스피치

'엘리베이터 스피치(elevator speech)'

보고에 관심이 있는 사람이라면 아마 수십 번도 넘게 들어봤을 용어다. 엘리베이터를 타고서부터 내릴 때까지 약 60초 이내의 짧은 시간 안에 상대의 마음을 사로잡을 수 있어야 한다는 말이다. 이 말은 할리우드 영화감독들 사이에서 비롯됐단다.

멋진 시나리오를 갖고 있는 영화감독, 그들에게는 그 시나리오를 영화로 전환해줄 투자자가 필요하다. 아무리 멋진 시나리오가 있어도 수백억이 들어가는 영화 제작을 위해서는 돈이 필요한 것이다. 돈 많은 사람은 대부분 시간이 없다. 그러니 우연히 탄 엘리베이터에서 투자자를 만난 바로 그 순간에 자신의 시나리오가 얼마나 괜찮은지를 말하는 것은 영화감독 자신의 인생과 바꿀 만한 일이다.

할리우드뿐만이 아니다. 미국 항공우주국(NASA)은 미 연방정부의 기관 중에서도 직원 만족도가 가장 높은 곳으로 꼽히는데, 이곳 역시 '엘리베이터 2분 스피치'를 도입해서 효과를 봤다고 한다.

> NASA는 새로운 인사기법을 도입하기 시작했다. '엘리베이터 2분 스피치'가 대표적인 사례다. 엘리베이터에서 갑자기 만난 사람에게도 2분간 자신이 하는 일과 회사의 목표, 비전을 정확하게 설명할 수 있도록 하는 훈련이다. 사이즈 고문은 "조직의 비전과 미래를 정확하게 인식하고 주인의식을 갖게 함으로써 일에 몰입할 수 있게 하려는 것"이라고 설명했다.
> -〈한국경제〉 2016년 11월 3일자

엘리베이터 스피치는 한마디로 핵심을 말하는 기술이다. 보고받는 사람이 의사결정의 선택지를 앞에 두었을 때 빠른 판단을 내릴 수 있도록 도움을 주는 보고자의 배려이

기도 하다. 세상의 모든 리더들이 제일 싫어하는 일이 보고받는 일이라고 한다. 그 보고에 대해 의사결정을 해야 하기 때문이다. 그만큼 의사결정을 한다는 것은 피곤한 일이다.

보고받는 사람들이 늘 얼굴을 찡그리고 보고자를 바라보는 이유는 짧은 시간 속에서 선택이라는 의사결정을 해야 하는 스트레스를 받아내고 있기 때문이다. 그래서 보고는 간결해야 한다. 그 간결함 속에 핵심이 들어 있어야 한다. 간결함과 핵심, 그게 엘리베이터 스피치 스타일의 보고이며 보고받는 그들을 설득할 수 있는 방법이기도 하다.

핵심이란 '할 말만 하는 것'이다. 참고로 '할 말을 하는 것'은 아니라는 점을 주의하자. '할 말만 하는 것'과 '할 말을 하는 것' 사이에는 큰 격차가 있다. '할 말을' 하겠다고 하거나, 혹은 '할 말도' 보고에 포함시키겠다고 생각하는 순간 우리의 보고는 중구난방이 된다. 60초, 길게는 120초 내외에 이루어져야 할 엘리베이터 스피치에 실패한다.

핵심만 말하는 기술, 엘리베이터 스피치 스타일의 보고를 하는 기술을 익히기 위해서 무엇을 점검해야 할까. 세 가지만 기억해두자. 첫째, 누군가 "지금 무슨 일 하십니까?"라고 물어봤을 때 늘 답변할 준비를 해둬야 한다. 자신의 핵심적인 업무에 대해 120초 내에 이야기할 수 있도록 평소에도 정리해둔다. 둘째, 나의 핵심적인 일에 대해 누군가가 "그 일을 위해서 혹시 제가 도울 일이 있습니까?"라고 했을 때 적극적으로 도움을 요청할 수 있어야 한다. 부족한 자원을 파악하고 있는 건 늘 중요한 일이다. 마지막으로 셋째, "잘 되면 어떻게 되는 겁니까?"라고 질문을 받았을 때 성과에 대해 설명할 수 있는 준비도 필요하다.

위의 세 가지 질문에 대해 엘리베이터 스피치를 한다고 가정해보자. 그 모습은 대략 이런 것이 아닐까.

1. "이사님께서 말씀하신 고객 성향 분류 작업을 진행하고 있습니다."
2. "마케팅 부서의 협조로 분석은 완료되었으나 개발 부서의 일정상 다소 지연될 가능성이 있습니다. 독려 전화 한번 부탁 드립니다."
3. "이 작업이 완료되면 경쟁사와 차별화된 타깃 마케팅 전략이 가능하게 됩니다. 거기에 고객센터 역시 이번 작업의 결과물을 통해 보다 효율적인 고객 응대를 할 수 있을 것으로 기대됩니다. 고객에게도 편안함을 드릴 수 있는 것은 물론입니다."

마지막에 한마디가 빠졌다. 상식이라서 뺐다.

"모두 이사님께서 관심 가져주신 덕분입니다. 앞으로도 도와주십시오. 고맙습니다."

120초를 넘지 않았다.

2
말하지 않으면 얻지 못한다

검색의 시대에 살고 있다. 검색이라고 하면 내가 알아서 하는 주체적인 행동인 것 같지만 사실은 극히 수동적인 행위로 바뀌어가고 있다. 가만히 있어도 플랫폼의 알고리듬이 나의 정보 검색 히스토리를 추적하여 내가 원하는 것을 가져다주는 푸시(push) 기술까지 등장했다.

편하긴 편하다. 하지만 그로 인해 우리는 누가 주는 '물고기'를 먹는 데에만 익숙해졌다. 안타깝게도 '물고기 잡는 법'을 잊어버리고 있는 중이다. 물고기 잡는 법을 모른다고 아쉬워하지도 않는다. 오히려 "왜 물고기를 내가 직접 잡아야 해요?"라면서 의문을 드러내기까지 한다.

클릭 몇 번이면 찾고자 하는 정보가 감당이 안 될 정도로 쏟아져 나오는 지금, 아쉽게도 그렇게 얻게 된 정보들을 어떻게 세상에 보여줘야 하는지에 대해서 말해주는 사람은 드물다. 정보의 검색에는 능숙하지만 정작 중요한 정보의 표현법에 대해서는 배운 적도 없다. 그래서일까. 직장에서의 보고 역시 어색하기만 하다. 어디 일반 직장인의 보고뿐일까. 말로 먹고 산다는 기자들 역시 사정은 그리 다르지 않다.

2010년 G20 서울정상회의 폐막식. 당시 미국 대통령이었던 버락 오바마가 연설을 마치고 질의응답 시간이 되었다. 그는 미소를 띠면서 "한국 기자들에게 질문권을 하나 드리겠습니다. 훌륭한 개최국 역할을 했으니까요"라고 말했다. 수많은 기자들이 손을 번쩍 들 줄 알았던 그는 몇 초간의 기다림에도 기자들의 반응이 전혀 없자 당황했다. 침착함을 잃지 않으며 다시 한번 물었다.

"누구 없나요?"

수십 명의 한국 취재진이 있었지만 카메라 플래시만 번쩍였다. 무려 15초 이상 침묵만 흘렀다. 이때 누군가가 손을 들었다. 중국 CCTV의 기자였다.

"실망시켜드려 죄송하지만 저는 중국 기자입니다. 제가

아시아를 대표해서 질문해도 될까요?"

'국치일(國恥日)'이란 단어가 있다. '나라가 수치를 당한 날'이란 뜻으로 흔히 우리나라가 일본에게 국권을 강탈당한 날인 1910년 8월 29일을 가리킨다. '기치일(記恥日)'이란 말을 아는지 모르겠다. 개인적으로 만들어낸 말이긴 하지만 기치일이란 대한민국 기자가 자신의 말할 권리를 중국기자에게 강탈당한 날이다.

어쩌다 이렇게 되었을까. 나는 생각한다.

'기자, 그들도 피해자다.'

젊은 기자들은 말하기, 쓰기보다는 읽기, 듣기 위주의 교육이 우선인 세상에서 살아왔다. 그러니 주체적으로 질문 하나 하는 것도 부담스러웠을 테다. 말하기, 쓰기가 진정한 자기 자신의 수준인데 읽고 들은 것을 자신의 수준으로 착각하고 살아왔으니 미국 대통령과 대화를 주고받을 수 있는 기회조차 놓치는 것이다.

말하지 못하는 사람은 아무것도 얻을 수 없다. 말할 줄 모르겠다면 배워서라도 — 그건 지금 당신이 성인이어도 상관없다! — 해야 한다. 말하는 사람이 결국 원하는 것을 가져간다. 보고 역시 마찬가지다. 상대방에 대한 이해가 중요한 것이 보고의 현장이긴 하지만 정작 말해보라고 해도 '꿀 먹은 벙어리'로만 있어서는 어떤 것도 얻을 수 없다.

보고를 잘하기 위해 정보를 얻어내고 또 문제점을 파악하는 것, 중요하다. 하지만 찾아낸 정보들의 문제점을 분석해내고 어떻게 솔루션을 제시할 것인지가 보고의 전부는 아니다. 결국 보고는 자신의 입으로 표현하는 것이다. 말하지 않으면 얻지 못한다. 사탕이든, 돈이든, 그 무엇이든.

3
선택할 게 넘치면 스트레스도 넘친다

단순함은 결핍이나 부족이 아니다. 단순함이란 진정 필요한 것만을 빠짐없이 녹여내고 관계가 없는 것들은 모두 제거된 상태를 말한다. 보고에도 단순함이 필요하다. 보고를 한다고 있는 것 없는 것 모두 포함시키는 건 무식한 노력일 뿐이다. 보고를 받는 그들은 무지함의 결과를 원하지 않는다.

보고를 하는 사람이라면 그려내고 붙이려고 노력하기보다는 핵심 이외에는 철저하게 쳐내는 일에 능숙해져야 한다. 보고를 하는 우리들이 착각하는 사실 중 하나가 보고를 받는 사람들이 이것저것 잡다하게 많은 내용을 말해주길

원한다고 여기는 것이다. 천만의 말씀이다. 그들은 짧은 것을 좋아한다.

짧다는 건 '어떻게 이것을 짧게 만들 것인가'에 관한 문제가 아니다. 그보다는 '이 복잡함을 어디로 옮겨야 할까?'에 관한 문제다. 짧되 임팩트(impact) 있는 보고를 만들어내는 비결은 복잡성을 적절한 곳으로 옮겨서 보고의 순간에 보고받는 사람이 쉽고 편안하게 느끼도록 하는 것이다.

보고의 자리에서 우리는 그들이 적절한 선택을 하도록 도와줘야 한다. 보고를 '잘못되면 큰일 나는 무엇'으로 개념화하기보다는 '그들이 잘되라고 도와주는 나의 배려' 정도로 후하게 생각해보면 좋겠다. 그러하기에 선택의 범위도 적절하게 통제하는 것이 보고자의 자세다.

우리가 제시한 대안 중에서 하나를 선택해야만 하는 것에 그들이 불쾌감을 느낄 수도 있겠지만, 그렇다고 해서 그들이 고민해야 할 선택의 가짓수를 끝도 없이 나열해놓고 선택하라고 하는 건 보고자로서의 예의가 아니다. 선택은 즐거운 일이 아니다. 게다가 우리가 속한 직장에서의 보고란 책임이 부여되는 일이다. 즉, 선택으로 인해 발생할 예측 불가능한 문제들에 대해 책임을 져야 하는 것이다. 보고를 받는 사람들이 선택을 함에 따라 받게 되는 스트레스는 그어떤 스트레스보다 크다.

보고를 통해 그들이 선택해야 할 것은 '짬뽕이냐, 짜장면이냐' 하는 점심 메뉴가 아니다. '우리 부서가 목표를 달성하는 데 도움이 되느냐, 안 되느냐', 더 나아가 '우리 부서가 생존할 수 있느냐, 없느냐'에 대한 선택이며 결국 그들은 물론 우리의 생존과도 직결되는 심각한 이슈다. 그러니 우리의 보고를 우습게 여겨서는 안 된다.

심리학 용어로 '과잉 선택권(overchoice)'이라는 말이 있다. 선택권이 많을수록 즐거울 것 같은데, 실제로는 선택지가 많아질수록 판단과 결정에 어려움을 느끼고 심리적 압박감, 즉 스트레스를 받는다는 의미다. 실제로 영업을 잘하는 사람은 고객에게 너무 많은 선택지를 제시하지 않는다고 한다.

고객은 일정 숫자 이상의 다양한 제안을 받으면 처음에는 선택지의 다양함에 흥분하지만, 이내 선택의 고민에 빠지게 된다는 것이다. 여러 가지 선택지를 분석하기 시작하면 고민은 한층 깊어진다. 가까스로 최종 선택에 도달하지만, 다른 한쪽에서는 선택하지 못한 것들에 대한 아쉬움을 지울 수가 없다.

우리의 보고는 '그들이 선택을 수월하게 할 수 있도록 돕는 것'이어야 한다. 결국 심플함이 답이다. 우리의 분석력을 과신하고 모든 변수를 고려하려고 애쓰기보다는 깔끔하고 단순한 최소한의 대안을 제시하여 그들이 쉽게 선택하도록 돕는 게 보고자로서의 예의다.

단, 무작정 내용을 제거하는 것을 단순함이라고 생각하지는 말아야 한다. 대신 그들의 선택에 고민만이 가득하지 않도록, '그가 정말 원하는 것은 무엇인가?'를 스스로에게 끊임없이 질문해야 한다. 이것이 보고자가 가져야 할 기본적인 자세다.

쓸데없이 많은 선택권을 그들에게 '던져주는' 보고를 배려라고 생각하지 않길 바란다. "이사님, 제가 이렇게 많은 방안을 찾아왔습니다"라고 어깨를 으쓱대기보다는 "이사님, 최종적으로 세 가지 방안이 합리적으로 분석되었습니다. 의견 주시겠습니까?"라고 말하는 보고에 익숙해졌으면 좋겠다.

4
잘 쓴 보고서를 찾아내어
베끼는 게 최고다

　지난여름은 유난히 더웠다. 솔직히 '유난히'라는 단어를 쓰기도 조심스럽다. 해가 지날수록 유난히 더워지고 유난히 추워지니까. 생각해보면 날씨가 문제가 아니라 허약해지는 내 몸이 문제가 아닐까 싶다. 내 몸이 해가 지날수록 더위와 추위를 잘 견디지 못한다는 것이다. 그러니 매번 날씨 핑계 대지 말고 내 몸을 잘 만들고 관리하는 법부터 익히는 것이 먼저라는 반성을 해본다.

　'유난히 더운 여름'에는 보고를 하는 우리도, 보고를 받는 그들도 모두 '유난히 짜증'스러울 수밖에 없다. 그래도 어쩔 수 없다. 우리와 그들은 '기울어진 운동장'에서 만나는 사람들이니 일단 나의 짜증은 잠시 미뤄두고 그들의 짜증이 사라지도록 보고할 수 있어야 한다. 보고라는 커뮤니케이션 형식을 감당하고 또 그것을 자신의 무기로 삼는 일은 우리에게 주어진 의무이기도 하다.

지금까지 주로 '보고 그 자체'를 중심으로 이야기를 했는데 여기서는 '보고서'에 대해 잠깐 이야기를 나눠보자. 보고만큼이나 보고서 때문에 더운 여름날 밤잠을 설치는 경우도 많으니 말이다. 교육 컨설팅 회사에 근무하는 한 친구는 "저는 갖고 올라가는 보고서마다 퇴짜를 맞아요. 스트레스가 장난이 아니에요"라고 말했다. 그가 제일 싫어하는 말이 있단다. "보고서, 이게 최선인가요?"

짜증이 날 만도 하겠다는 생각을 한 것도 잠시, 이 친구는 나에게 엑셀 함수의 사용법, 인포그래픽의 삽입법, 애니메이션 효과의 이용법 등에 대해 계속해서 물어봤다. 그가 물어보고 싶은 핵심은 '어떻게 해야 보고서를 화려하게, 멋지게 꾸미는가?'에 관한 것이었다. 좀 답답했다. 아니, 나 역시 과거에는 그랬었으니 뭐라고 하지도 못하겠다. 당신도 마찬가지 아닐까.

당신이 파워포인트 매뉴얼 책 한 권을 구입했다고 해보

자. 아마 책의 내용보다는 책에서 제공하는 100개, 200개의 파워포인트 샘플 양식에 눈이 어두워져 대뜸 구매했을 테다. 그 샘플 양식을 다운로드했다가 직장에서 보고서를 만들 때 활용한다. 색깔도 화려하고 구조도 멋지고…… 그런데 이상하다. "이건 완전히 하나의 예술 작품이야!"라는 칭찬은커녕 "울긋불긋 정신이 없어요. 누가 이렇게 보고서를 만들라고 했나요?"라는 짜증 섞인 말만 듣게 되니 말이다.

보고서에서는 색깔이나 모양이 중요한 게 아니다. 예술 작품을 만들 때 필요한 창의력? 그딴 거 필요 없다. 괜히 '내가 미적 감각이 부족한 거 아닌가?'라면서 자책할 필요도 없다. 보고서를 잘 만들고 싶다면 그저 다음의 한 줄을 기억해두면 된다.

"부서에서 보고서를 제일 잘 만드는 사람의 보고서 하나를 샘플로 삼아 그대로 따라 하시면 됩니다."

그냥 '부서에서 보고서 잘 만든다고 소문난 누군가'가 직접 만든 보고서를 입수하여 그대로 베끼면 된다. "야, 이거 표절 아니야?"라는 말을 들을 것 같다고? 절대 그렇지 않다. 당신은 소설이나 시 같은 창작물을 만드는 게 아니다. 그들이 이해하기 쉬운 형태의 실용적인 보고서를 만드는 게 임무다. 이 쉬운 방법을 놔두고 괜히 엉뚱한 짓을 하다가 보고할 때마다 깨지는 오류를 범해서는 안 된다.

괜히 보고서에 관련된 책을 사서 읽었다고 당신 마음대로 화려한 그림을 사용하고, 밑도 끝도 없이 서술형으로 문장을 처리하고, 번쩍번쩍하는 애니메이션 효과만 잔뜩 넣는 순간 당신의 보고서는 엉망이 된다. 그냥 이전에 선배가 만들어둔 잘된 보고서 하나를 입수해서 적극적으로 '복사해서 붙이기(copy & paste)' 하는 게 답이다.

언젠가 한 직장인 커뮤니티에서 보고서 때문에 괴로워하는 누군가의 하소연을 듣고 여러 사람이 답을 해줬는데 그중에서 생각나는 게 있어 인용해본다.

"잘 쓴 보고서 양식을 먼저 익히세요. 잘 모르겠다면 보고받는 사람이 인정하는 보고서 포맷을 찾아서 연구하세요. 그 포맷을 염두에 두고 그 바탕에서 저 사람이 원하는 게 뭔지? 그걸 어떻게 논리정연하게 드러낼 것인지? 등에 대해 부딪쳐보면 보고서를 어떻게 써야 할지 답 나옵니다. 그렇게 하다 보면 인정을 받고 금방 소문이 퍼져서 '홍보팀 ○○○ 대리, 보고서 하나는 끝내준다'는 말을 듣게 되실 겁니다."

전 세계에서 300만 부가 넘게 팔린 '설득의 교과서'인 《설득의 심리학 1》에서 저자인 로버트 치알디니는 '유사성'이라는 개념을 설득의 기술로 제안한 바 있다. '이미 승인된 보고서를 베끼는' 것도 비슷한 의미를 지닌다고 하겠다. 사람은 상대와 아주 작은 공통점만 있어도 상대방에게 긍정적인 반응을 보이게 된다. 이를 보고의 방법론으로 이용하자면 보고를 받는 사람이 이전에 '훌륭하다'고 한 보고 스타일을 따라 하면 된다. 그러면 분명 우리의 보고는 성공적일 수 있다.

혹시 당신의 윗사람이 회사의 CEO에게 보고할 때 사용한 보고서가 있다면 수단, 방법을 가리지 말고 무조건 확보해둘 것! 회사가 클수록 CEO에게 보고하는 보고서 양식은 회사의 표준 양식과 같으니 말이다. 그것이야말로 화려한 보고서 매뉴얼 책보다 백만 배는 더 소중한 자료임을 기억하라. 어느덧 당신은 조직 내에서 '보고의 신'이 되어 있을 것이다.

5
상대방에 대한 관심이 우선이다

보고를 하는 사람의 마인드는 어떠해야 할까.

1. "저는 당신을 얻고 싶습니다."
2. "저는 당신의 무엇을 얻고 싶습니다."

정답은 1번이다.

보고의 목적은 '상대방의 무엇'을 얻는 것이 아니다. '상대방의 무엇'을 얻기 위해 보고를 해야 한다면 슬프다. '상대방 그 자체'를 얻어야 한다. 상대방을 얻으면 당연히 따라오는 것이 상대방의 무엇이다. '타인'을 온전히 얻고자 하는 것이 보고의 지향점이 되어야 한다.

나를 제외한 모든 사람은 타인이다. 우리는 늘 타인을 의식하면서 살아간다. 타인에게 이해받는 것은 우리의 삶에서 매우 중요한 부분이다. 이 근본적인 전제를 부정하면 커뮤니케이션은 불필요하다. 보고도 필요 없다. 누군가 "고작다른 사람으로부터 이해받으려고 살아야 하는가"라고 말하는 것을 본 적이 있다. 그에 대한 나의 대답은 이렇다.

"그럼 혼자 살아라."

보고 등 커뮤니케이션의 전제는 '사회'다. 사회생활을 하기 때문에 커뮤니케이션이 필요하다. 이러한 기본적 전제를 무시하고 "커뮤니케이션은 무슨? 원래 인생은 혼자 사는 거야!"라고 외치는 사람은 보고를 할 자격이 없다. 조직생활? 그만두는 게 낫다. 나를 제외한 타인들에게 이해받는것을 꺼리지 않는 사람만이 보고를, 커뮤니케이션을 공부할 자격이 있다. 그리고 상대방을 얻을 수 있다.

여전히 누군가와 만나서 말하는 것 자체를 힘들어하는사람도 많긴 하다. 세상과 벽을 쌓은 사람들 말이다. 안타깝지만 그 벽을 뚫기 전에는 먹고살기 힘들다. 자신의 삶을 포기하려는 것이 아니라면 가볍게 생각하자. 커뮤니케이션을 하고 보고를 하면서 자신이 원하는 것을 얻어내는 것, 괜찮은 일 아닐까.

어떻게 해야 상대방을 얻을까. 단순히 보고 그 자체에만 급급해서 조급해지는 마음을 다스리는 방법은 무엇일까.

우선 보고를 받는 사람이 누구인가에 대한 최소한의 호기심이 있어야 한다. 당연한 말이지만 쉽지 않다. 상대방이 도대체 어떤 사람인지 관심을 가져보는 것. 그 무엇보다 중요함에도 실제로 이렇게 하는 사람을 찾아보기 힘들다. 고백하면 나 역시 그랬다. 보고할 때도 보고에만 집중했지 보고를 받는 상대방에 대해서는 관심이 없었다. 결과는? 당연히 좋지 않았다.

상대방에 대한 관심이 우선이다. '관심'이 확장되어 '관찰'의 단계까지 나아가야 한다. 상대에 대한 관심도 없이 상대가 '가진 것'에 대한 관심으로 접근하는 보고는 저급한 대화술일 뿐이다. 훌륭한 보고의 기술은 보고의 잡다한 기법을 아는 것 이외에도 자기 자신을 알고 상대방이 누구인지 아는 것이 포함된 광범위한 전략이다.

《논어(論語)》에는 "아는 것을 안다고 하고, 모르는 것을 모른다고 하는 것, 이것이 바로 앎"이라는 말이 나온다. 그렇다. 보고란 내가 모르고 있음을 인정하고 상대방에게 다가서는 것에서 시작되어야 한다. 상대방에 대해 잘 알지도 못하면서 내가 원하는 것을 함부로 말하는 것은 보고가 아니다. 그러니 본격적으로 보고를 하기 전에 다시 한번 자신을 되돌아보자. "나는 상대방에 대해 무엇을 알고 있는가."

6
보고자의 신뢰를 높이는 요소들

대표이사와 같은 최고 의사결정권자에게 하는 보고는 '무엇을 잘하고 있느냐'보다 '무엇이 문제이고 대책은 무엇이냐'가 핵심이다. 한 회사, 한 부서의 미래를 결정하는 순간이기에 보고의 결과는 중요할 수밖에 없다. 주요한 이슈를 두고 이야기를 하는 과정이므로 그만큼 보고를 하는 사람에 대한 신뢰도 중요하다.

중국의 고전인 《장자(莊子)》에는 "발을 잊는 것은 신발이 꼭 맞기 때문이요, 허리를 잊는 것은 허리띠가 꼭 맞기 때문이다. 마음이 시비(是非)를 잊는 것은 바로 마음이 꼭 맞기 때문이다"라는 구절이 나온다. 보고의 내용과 형식 자체보다 보고를 하는 사람과 마음이 맞아야 신뢰가 높아진다. 그러니 우선 인간적인 신뢰를 높이는 데 관심을 두는 것이 보고자의 올바른 자세다.

인간적인 신뢰는 어떻게 얻어지는가. 예를 들어보자. 보고를 하기 위해 보고서를 하나 작성했다고 가정하자. 그런데 보고서 여기저기에 오자가 널려 있다면? 보고받는 사람은 보고자의 수준에 의문을 갖고 보고자에 대한 신뢰를 거두게 된다. 사소한 것 같지만 우리들이 마지막 순간까지 디테일하게 단어와 문장을 체크해야 하는 이유다.

이렇게까지 신경을 써야 하느냐고? 나부터 솔직히 고백한다. 나는 과거에 생각했었다. '20페이지짜리 파워포인트 슬라이드에서 그깟 기호 하나 잘못 썼다고 인상을 쓰는 거야?' 반성한다. 이런 안일한 생각이 조직에서 좀 더 성장할 수 있는 기회를 잃게 만들지 않았나 싶다.

안타까운 일이지만 보고 그 자체의 내용과 전략이 훌륭하다고 하더라도 보고서의 오탈자 하나 때문에 전반적인 인상이 흐려질 수 있다. 보고받는 사람이 보고자에 대해 '긍정적인, 안정된, 강한, 충실한, 진지한'과 같은 단어를 떠올리는 게 좋지 않겠는가. 보고자에 대해 '실수하는, 산만한,

감정적인, 건성건성인, 대충인'과 같은 단어를 떠올리게 된다면 그 보고는 그 자체로 아무리 훌륭해도 결국 실패한 셈이다.

보고의 태도도 중요하다. 어물어물 넘어가는 태도보다는 명확하고 '클리어(clear)'한 모습을 보여주는 게 훨씬 낫다. 예를 들어 보고자는 '볼륨을 높여야' 한다. 웅얼거리거나, 자신 없어 하거나, 속삭이거나 한다면 보고받는 사람은 보고자를 부정적으로 볼 수밖에 없다.

보고자는 프로페셔널하게 보여야 한다. 그렇게 보이도록 하는 데 장애물이 있다면? 반드시 치워야 한다. 대단한 것을 고치라는 말이 아니다. 보고 역시 말하기의 일종이니 고칠 수 있는 것을 찾아 간단하고 사소한 것들부터 하나씩만 조절해나가도 언젠가는 당신의 보고가 품격이 높아져 있음을 알아채게 될 것이다.

참고로 보고할 때는 목소리 역시 중요하다. 멋진 목소리도 좋지만 보고를 위한 최소한의 목소리를 내는 연습이 보고의 전체적인 완성을 위해 중요하다. 신뢰감을 주는 말하기를 위한 몇 가지 방법을 제안한다.

첫째, 스마트폰을 이용해 보고할 내용을 녹음해서 다시

들어본다. 생각보다 자신의 목소리가 작다고 느껴질 것이다. 목소리 데시벨을 조금 높여야 한다. 그래야 자신 있게 보인다. 둘째, 주절주절 말하고 있는 건 아닌지 확인해본다. 보고자는 시간에 쫓기는 그들을 위해 명료하게 핵심만 말하는 보고를 해야 한다. 마지막으로 진지함이 있는지 확인해야 한다. 웃음이나 미소보다는 무게감 있는 포커페이스를 선택하길 바란다. 보고의 상황에서는 지나친 가벼움보다는 적당한 무게감이 훨씬 낫다.

7
'화려한 잡스러움' 대신
'임팩트 있는 단순함'

아이폰은 여전히 누군가에게는 로망의 대상이다. 나는 안드로이드가 워낙 익숙하니 아이폰을 쳐다보지도 않는데 아이들은 그렇지 않은가 보다. "아빠, 나 중학생 되면 핸드폰 갖고 싶어요." "그래, 어떤 거 갖고 싶어?"라고 물어보면 "아이폰!"이라며 싱글벙글 웃는다. "그거 불편해"라고 해봐야 "'간지'가 있잖아요"라며 의지를 굽히지 않는다.

'역시 아이들이란…… 쯧쯧' 하고 혀를 차던 나. 문득 스티브 잡스가 만들어낸 그 단순함의 아름다움을 떠올리게 되었다. 아이폰의 디자인은 어떤가. 로고가 최대한 절제된 깔끔함이 매력이다. 투명하리만치 단순한 디자인이 나의 눈에도 아름답다. 그 극적인 단순함이 미래의 주인인 우리 아이들의 눈에도 '시크함' 혹은 '멋짐 뿜뿜'으로 느껴지는 모양이다.

해외여행을 가서 호텔에 묵게 되었을 때 방에 들어가자마자 하는 일은? 그렇다. TV를 켜는 것이다. 그런데 개인적으로 묵게 되는 호텔에 리모컨이 두 개, 세 개 있으면 불안해진다. 하나는 셋톱박스 용도일 테고 하나는 모니터 용도인 것은 대충 알겠는데 도대체 뭘 눌러야 할지 몰라 당황하기 일쑤다. 그냥 전원 버튼을 눌러서 켜고 숫자를 눌러서 채널을 선택하면 안 되나?

나는 그저 TV를 보고 싶을 뿐이다. 채널을 돌려서 원하는 프로그램을 선택하고 소리만 조절할 수 있으면 된다. 그런데 왜 사람 편안하자고 묵는 호텔의 리모컨이 오히려 사람을 불편하게 하는지 모르겠다. 리모컨 하나에 20~30개의 단추가 있는 걸 보면 짜증부터 난다. 나는 호텔에서 쉬고 싶다. 가장 편안해야 할 호텔 방에서까지 고작 TV 하나 때문에 고민하고 싶진 않다.

아이폰의 디자인, TV 리모컨의 형태에 대해서 이야기를 해봤다. 이제 우리가 관심 있는 보고에 이를 적용할 차례다.

보고는 어떻게 해야 하는가. 보고를 받는 사람으로부터 "역량은 있는데, 보고할 때 보면 무슨 말인지 모르겠어요"라는 말을 들어서는 안 된다. 보고를 잘하고 싶은 사람일수록 '간결, 심플, 단순함' 등의 단어에 집중해야 한다.

보고자는 보고의 내용이 상대방에게 어떻게 들리는지, 어떻게 보이는지를 관심 있게 살펴야 한다. '한눈에 보이는 보고', '한 번에 들리는 보고'에 목숨을 걸어야 한다. 어떻게 해야 할까. 팁 하나를 드린다면 "하고 싶은 말을 잘라낼수록 보고는 성공에 가까워진다"고 말씀드리겠다. 시시한 자료나 부적절한 데이터는 악착같이 제거해버리고 오로지 그들의 흥미를 자극하는, 미래에 대해 통찰할 수 있는 가치 있는 보고가 되도록 해야 한다는 말이다.

오래전의 일이지만 부끄러운 기억이 있다. 아마 한창 파워포인트로 보고 자료를 만드는 것 자체에 흥미가 있었던 때였을 것이다. 그림을 여기저기 붙여놓고 애니메이션 효과도 삽입하고 거기에 표의 셀들을 온갖 색을 동원하여 치장했다. 그리고 내심 칭찬을 기대하면서 보고를 시작했다. 그런데 10여 분간의 보고에서 들은 말은 이런 것이었다.

"뭐야? 스키틀즈(알록달록한 색깔의 사탕)냐?"

그분은 발표 자료에 색이 너무 과해서 눈이 피로하다고
했다. 화려한 색깔로 부족한 내용을 덮으려는 꼼수 아니냐
는 이야기까지 들었다. 부끄러웠다. 보고의 핵심 그 자체보
다는 색깔이나 도형 등을 통해 '뭔가 했다'는 것을 보여주려
했던 나의 안일함에 얼굴이 화끈거렸다. '보고 싶다'는 사람
에게 잡스러운 말만 늘어놓지 말았어야 했다. 화려한 색깔?
그런 걸로 보고받는 사람의 눈을 현혹시키려 해서는 안 됐
다. 당신은 단순해지길. 조직화된 단순화만이 보고를 임팩
트 있게 만드는 방법임을 기억할 것.

8
간결하고 명확한 메시지를
전달하고 싶다면?

'간결하고 명확한 보고'

모든 보고자들의 꿈이 아닐까 싶다. 복잡하고 어수선한 보고와 정반대에 있는 이 '간결함'과 '명확함'이라는 단어는 보고를 하는 사람이라면 누구나 깊이 새겨야 할 개념이다. 어떻게 간결과 명확, 이 둘을 모두 잡을 수 있을까. 보고에 관한 수없이 많은 방법론이 있겠지만, 그 어느 것도 확실한 방법이라고 장담할 수는 없겠지만, 점검 차원에서 다음의 항목들을 체크하면 나름대로 보고를 할 때 자신이 원하는 바를 이룰 수 있을 것이다.

간결하고 명확한 보고의 팁 5가지

① 그들의 귀에 당신의 보고가 착 달라붙게 하고 싶다면?

→ 그들에게 익숙한 단어를 사용한다.

② 그들이 이해하기 쉽게 하고 싶다면?

→ 가능하면 단문으로 말한다.

③ 그들이 오해하지 않게 하려면?

→ 그들이 듣기에 분명하게 말한다.

④ 그들이 자연스럽게 듣게 하고 싶다면?

→ 짧게 말하되 그들의 말을 길게 듣겠다고 생각한다.

⑤ 그들이 편하게 듣게 하고 싶다면?

→ 그들의 입장에서 쉬운 말을 사용한다.

'그들'이라는 단어가 빠지질 않았다. 결국 보고란 보고자가 보고받는 사람의 입장으로 전환하는 과정을 말로 풀어낸 것 아닐까 하는 생각을 해본다. '내'가 빠진 보고도 심심하지만 '그들'이 빠진 보고는 원천 무효다. 나를 생각하기 전에 그들을 먼저 생각하는 것, 그것이 바로 보고자로서의 바람직한 기본자세다.

보고를 이야기했으니 보고서에 대해서도 한마디 하고

넘어가도록 하자. 보고서 역시 간결하고 명확하게 쓸수록 상대방인 그들이 이해하기 쉬운 것은 당연하다. 하나 확인 해야 할 것은 보고서의 각 페이지마다 나름의 '헤드 메시지(head message)'가 있으면 좋다는 점이다. 하지만 기억할 것 하나, 보고서보다 보고가 먼저다. 이를 잊지 말 것!

간결하고 명확한 보고서의 팁 5가지

① 그들의 눈을 편하게 하려면?

→ 여백의 미를 살린다.

② 그들이 이해하기 쉽게 하려면?

→ 적절하게 박스를 활용한다.

③ 그들이 직관적으로 느끼게 하고 싶다면?

→ 도형 등을 이용한다.

④ 심심하다는 느낌을 주고 싶지 않다면?

→ 그림이나 일러스트를 활용한다.

⑤ 그들이 편하게 선택할 수 있게 하고 싶다면?

→ 핵심적인 문장을 돋보이게 한다.

9
절대 써서는 안 될
'보고 금칙어' 몇 가지

'당신의 보고는 달라져야 한다.'

이 말은 달리 말하면 '당신의 말하기는 달라져야 한다'와 같은 말이다. 보고는 결국 말하기이기 때문이다. 사실 보고를 배우기 전에 말하기의 기본을 갖추어야 한다. 기본적인 말하기에서 실수가 있는데 그걸 놔두고 무작정 보고의 잔기술을 배우려고 하는 것은 무의미한 일이다.

여기에서는 보고의 과정에서 무심코 말했다가는 큰코다치게 되는 주의해야 할 말, 즉 보고에서의 금칙어 몇 가지를 소개한다.

□ "사실은"

이 말에 대해 세상의 많은 리더들은 발작에 가까운 짜증을 드러낸다. '사실은' 뒤에 부정적인 내용이라도 나오게 되면 그들의 짜증은 극에 달한다. 지금 당장 '사실은', '솔직히 말해서' 등의 말을 당신의 머리에서 지워버려라. 보고를 받는 그들이 싫어하는 데에는 이유가 있기 마련이다.

□ "그 친구는 늘 그렇게 쉽게 얘기를 합니다. 너무 가벼워요."

보고는 결국 누군가와 비교를 당하는 순간이다. 하지만 그렇다고 해서 그 누군가를 함부로 비난하는 일은 없어야 한다. 물론 어쩔 수 없이 다른 누군가와 비교해야 하는 순간이라도 그 사람 자체를 비난해서는 안 된다. 누군가를 비난하는 순간 그 비난의 악영향은 자신에게로 언젠가 돌아오게 됨을 기억하라.

□ "제가 원래 숫자에는 약해서요."

겸손과 자기 비하를 착각하지 말아야 한다. '셀프 디스'는 가진 자, 강한 자, 보고를 받는 자들의 것이다. 보고를 하는 입장에 있는 우리가 스스로를 '디스'할 이유는 전혀 없다. 해서도 안 된다. '아무것도 갖지 못한 자'의 자기 비하는 자신의 성장을 스스로 방해하는 어리석은 행동이다.

보고를 할 때 "전년 대비 성장률이 어떻게 되죠?"라는 질문을 받았다고 해보자. 잘 모르면 그저 "죄송합니다. 미처 조사를 못 했습니다" 정도로 말하면 된다. 굳이 "제가 원래 숫자 해석에 약해서요"라고 말할 필요는 없다. 자신을 낮추고 싶다고 하더라도 추상적으로 "제 역량이 아직 부족합니다" 정도로 말하면 된다. 자신의 결점에 대한 구체적인 자기 비하는 스스로의 가치를 깎아내리는 행위라는 걸 기억하자.

□ "어차피"

조직에 '어차피'라는 단어는 없다. 게다가 '어차피'라는 단어에는 말하는 사람이 결론을 내린다는 '건방짐'이 알게 모르게 포함되어 있다. 당신은 보고자다. 결론은 보고를 받는 그들이 내린다. '어차피'라는 단어를 사용해서 상대방인 그들을 만만하게 본다는 인상을 주는 것은 보고자로서 좋은 태도가 아니다.

또한 '어차피'라는 말에는 사안을 우습게 본다는 의미도 있다. 비슷한 말로 '그래봐야', '기껏해야', '고작' 등이 있는데

이는 조직을 우습게 보는 말투다. 제대로 된 조직일수록 작은 것에도 절대 세심함의 잣대를 함부로 거둬버리지 않는다. 오히려 작은 것들에 더욱 현미경을 들이대는 법이다. 작은 것 하나에도 조심하는 말을 해도 모자랄 판에 '어차피'라는 말은 절대 해서는 안 될 말이다.

10
즉시 시행 아이디어와
일의 순서를 포함하라

보고를 받는 사람의 입장이 되어보자. 그들이 보고를 받았을 때 가장 먼저 갖게 되는 의문은 무엇일까.

"이것으로 뭘 할 수 있는가?"

아마 이런 의문 아닐까. 이 의문을 해소할 수 있어야 제대로 된 보고라고 할 수 있겠다. 어떻게 해야 보고를 받는 그들의 의문에 대답할 수 있을까. 우선 그들이 원하는 것에 대한 이해 혹은 통찰이 첫 번째이고, 그들이 어떤 순서대로 진행하기를 원하는지에 대한 관심이 두 번째다. 이 두 가지를 잘 준비한다면 보고의 자리에서 크게 지적받을 일은 없을 것이다.

우선 첫 번째부터 말해보자. '그들이 하고 싶어 하는 것에 대한 이해 혹은 통찰'은 결국 '그들이 하고 싶어 하는 것을 자신 있게 하게 만드는 방법'으로 연결된다. 그들이 자신감을 가지려면 보고를 하는 우리 먼저 자신감을 잃지 말아야 한다. 보고의 시작에 "이번에 개발한 마케팅 도구를 어떻게 판매 증진에 즉각적으로 연결시킬 것인가에 대해 보고드리겠습니다"와 같이 말한다면, 당당한 표정과 분명한 목소리로 포장까지 되어 있다면 보고를 받는 그들을 움직이게 만들 수 있다.

신입 사원 때의 일이다. 부서에서 '보고서의 신'이라 불리는 과장님 한 분이 계셨다. 그분의 보고서에는 늘 '즉시 시행 아이디어'라는 제목의 페이지가 포함되어 있었다. 보고 받는 입장에서는 다소 건방져 보이는 – '네가 뭔데 나에게 즉시 시행하라는 거야?' – 말이라고 생각되었음에도 이에 대해 '토를 다는' 리더를 본 적이 없었다.

그분의 사업 전략에 대한 혜안도 물론 대단했었겠지만 해당 페이지를 보고할 때의 자신감 있는 표정은 지금도 기억에 선명하다. 그분이 조직에서 성장하는 속도는 물론 그분이 보고했던 즉시 시행 아이디어가 실현되어 성과를 내는 속도 그 이상으로 빨랐다. 우리의 보고는 어떠한가. 보고를 받는 사람에게 '즉시 시행하라!'고 윽박지를 수 있을 정도인가.

두 번째로 보고에는 일의 순서에 대한 코멘트가 반드시 포함되어야 한다. 사람들은 대개 특정한 순서대로 일이 진행될 것이라고 생각한다. 순서가 어긋날 때 불안해한다. 혼란스러워하며 좌절에 빠진다. 그들이 보고자인 우리에게 "어떻게 하려는 건데?"라고 묻는 것은 당연하다. 이때 당황해하며 우물쭈물해서는 안 된다. 이렇게 말할 준비가 되어 있어야 한다.

"네, 우선 진행해야 할 것은…… 다음으로 처리되어야 할 일은…… 이를 통해 결국 그동안 하락 추세였던 고객 만족도 지표를 목표 범위 내로 끌어올릴 것입니다."

우리는 '아마추어(amateur)'가 아니다. 아마추어란 무엇인가. 돈을 받지 않고 자신이 하고 싶은 일을 하는 사람들이다. 우리는 그렇지 않다. '프로페셔널(professional)'이다. 돈을 받으며 자신이 잘하는 일을 하되, 때로는 하고 싶지 않아도 해야만 하는 일을 하는 사람들이다.

'보고 하나 하는데 뭐 이렇게 피곤한 건가?'라며 불평하기 전에 프로페셔널로서 조직을 긍정하고, 조직의 리더를 존중하는 마인드를 갖고, 보고 하나도 쉽게 여기지 말아야 한다. 어떻게 일이 진행될 것인지, 어떤 순서로 이루어질 것으로 예상하는지 정도는 보고 전까지 나름대로 정리되어 있어야 한다.

참고로 보고에서 해야 할 것과 하지 말아야 할 것을 세 가지씩 아래에 정리했다. 자신의 보고를 체크하는 항목으로 활용해보길 바란다.

보고의 'Do' 3가지

① 상대방을 중요한 사람으로 여기고 있다는 것을 끊임없이 보여줄 것

→ 보고를 듣는 그들의 약점을 절대 건드리지 않는다.

② 대화를 진전시키고 싶다면 상대방의 동의를 수시로 얻어낼 것

→ 작은 동의라도 좋다. 일단 긍정을 얻어내라.

③ 보고자가 아닌 보고를 받는 사람이 스스로 결정하게 할 것

→ 결국 최종적인 판단은 그들이 하도록 해야 한다.

보고의 'Don't' 3가지

① 논리적으로 상대방을 압도하려 하지 말 것

→ 당신의 실력을 과신하지 말라.

② 상대방의 감정을 거스르지 말 것

→ 적을 만들고 싶은가?

③ 주저 없이 반박하지 말 것

→ 당신의 보고는 실패다.

세상에는 세상 사람의 숫자만큼 많은 보고 방법이 있다. 그건 세상 사람의 숫자만큼 보고받는 사람의 보고받는 스타일도 다름을 의미한다. 주눅 들 필요는 없다. 더 이상 손을 보지 않아도 될 만큼 잘된 보고란 이 세상에 없으니 말이다. 조금씩 보고의 기술을 개선해나간다면, 충실하게 해야할 것을 하고 하지 말아야 할 것을 자제한다면, 보고의 스트레스에서 해방될 수 있을 것이다.

4
정확히
말하라

기본을 지키는
말하기 방법

1
보고에 기본이 있다면 5W1H

보고의 기본은 무엇일까.

'5W1H'

우리가 보고를 해야 하는 상황에서 보고받는 사람들의 머리에는 5W1H가 습관처럼 각인되어 있다. 보고는 상대방에 의해 결정이 나는 과정이다. 보고자는 그들이 그동안 경험적으로 얻은 습관을 찾아내야 하고 또 그것을 활용해야 한다. 우리가 리더가 되었을 때 만약 5W1H 위주의 보고가 의미 없다고 생각된다면 그때는 폐기해도 된다.

"보고할 때는 1H만 필요합니다!"

"5개의 W라니, 너무 많잖아요. 줄이세요. 3W로."

하지만 지금은 보고자의 입장이다. 그러니 그들의 생각을 '일단' 따르는 것이 좋다. 5W1H, 혹시 생소하신 분들을 위해 정리해보기로 한다.

① when: 언제 일어난 일인가, 즉 때를 뜻한다.

② where: 어디서 일어난 일인가, 즉 장소를 뜻한다.

③ who: 누가 주인공인가, 즉 주체를 뜻한다.

④ what: 주체가 원하는 것이 무엇인가, 즉 이루고자 하는 목표를 뜻한다.

⑤ why: 왜 그 목표를 이루려고 하는가, 즉 이유를 뜻한다.

⑥ how: 어떻게 그 목표를 이룰 수 있는가, 즉 방법을 뜻한다.

당연한 것들이지만 우리는 종종 이를 잊는다. 그러다가 속된 말로 '대박' 깨진다. "아니 어떻게 기본도 되어 있지 않아!"라는 모욕적인 말을 듣기까지 한다. '기본'이라니. 그러니 5W1H를 늘 염두에 두자. 보고를 하는 말 속에 언제든 5W1H가 빠지지 않도록 유의해야 한다.

그 어떤 보고도 이 형식에서 벗어나는 경우는 거의 없다. 최소한 5W1H만 잘 정리해둬도 큰 실수를 저지르지 않는다. 5W1H를 구체적으로 생각하면 다음과 같이 스스로에게 질문하면서 보고의 질을 높일 수 있다.

① 언제(when) → 언제 일어난 일이지? 지금은 어떻게 진행되고 있지? 언제까지 끝내야 하지?

② 어디서(where) → 관련된 곳이 어디지? 관련 부서가 어디지?

③ 누가(who) → 누가 주도적으로 진행할 거지? 진행하는 사람을 지지해줄 책임자는 누구지?

④ 무엇(what) → 이것을 통해서 이루려는 게 무엇이지? 그동안 뭘 못 한 것이고, 지금은 뭘 할 수 있으며, 앞으로 뭘 할 거지?

⑤ 왜(why) → 과거에 뭐가 문제였지? 지금이 뭐가 문제지?

⑥ 어떻게(how) → 어떻게 하면 되지?

'깨지는' 것에서 해방만 되어도 보고는 성공이다. 그렇게 되지 않기를 바라며 우리는 어제도, 오늘도, 밤에 베개를 땀으로 흠뻑 적시면서 보고 시간을 기다린다. 불안해하는 데 그치지 말고 5W1H를 기억하고 또 활용하자.

2
그들의 이메일 계정은
5W1H로 시작된다

정용진 신세계그룹 부회장은 개인 인스타그램을 적극 활용하는 인물이다. 팔로워 수만 20만이 넘는다고 한다. 2019년 초 그는 프랑스를 방문했고 당시 자신의 근황을 인스타그램에 올렸다. 특히 한 게시물이 나의 눈길을 사로잡았는데, 미슐랭 3스타를 받은 한 음식점을 방문했을 때의 사진이었다.

그는 자신의 인스타그램에 이 레스토랑의 이름이 표기된 메모지를 게시했다. 그 메모지에는 가운데 하나의 네모 박스를 중심으로 5W1H[what, why, where, who, when, how, (to whom)]를 적었다. 그러면서 그는 "가장 기본적인 것을 잊고 있었음. 가르쳐주신 ㅈㅎㅇ 형님 감사합니다"라는 글을 덧붙였다.

한 그룹의 최고경영자인 그가 잊고 있었다는 '기본'은 무엇일까. 게시물 속의 사진에서 추측하건대 5W1H가 틀림없다. 만약 내가 신세계그룹의 구성원이라고 가정해보자. 과연 5W1H를 외면한 채 보고가 가능할까. 5W1H는 한 그룹의 총수에게까지 '기본'이라고 강조되는 것임을 기억할 만하다.

기업의 총수뿐인가. 글을 쓰는 것을 업으로 하는 사람들 역시 5W1H를 기본으로 여긴다. 최근 들어 기자를 '기레기(기자+쓰레기)'라며 폄하하는 사람도 많지만 그것은 그만큼 기자의 역할에 대한 일반 국민들의 기대치가 높기 때문이 아닐까 싶다. 그들은 언어를 다루는 능력에 관한 한 그 어떤 직업보다도 최상의 위치에 있다. 그런 그들이 5W1H를 소중하게 여김은 굳이 말할 필요도 없이 당연할 것이다.

한 신문사 기자는 기사의 형태를 빌려 기사 작성의 기본적 요령을 말하면서 글을 쓰고자 하는 사람이라면 반드시 5W1H를 염두에 두어야 한다고 강조했다.

오늘 말씀드릴 것은 '육하원칙(六何原則)에 따라 써야 한다'는 것입니다 '육하원칙'이란 '누가, 언제, 어디서, 무엇을, 왜, 어떻게' 등 기사에 반드시 담겨야 할 여섯 가지 요소입니다. 영어로 하면 who(누가), when(언제), where(어디서), what(무엇을), why(왜), how(어떻게)이므로 '5W1H의 원칙'이라고도 합니다.

이 6개의 요소는 어떤 사건을 설명할 때 빠뜨려서는 안 되는 가장 핵심적인 요소들입니다. 누가 추렸는지는 몰라도 참 잘 추렸습니다. 어떤 사건이든 사람들이 가장 궁금해하는 것이 바로 이 여섯 가지이거든요.

(중략)

육하원칙 지키기는 어떤 상황을 남에게 보고하는 모든 글에 적용할 만합니다. 회사에 입사한 사원이 상사에게 무엇을 보고할 때도 육하원칙에 맞춘다면 칭찬받을 수 있을 것입니다. 학생들이 쓴 글을 읽다 보면 육하원칙에 관해 가르쳐줘야겠다는 생각이 절로 들 때가 많습니다. '자기소개서'에 발명 대회 입상 사실을 쓰면서도 '저는 중학교 2학년 때에는 전국학생발명대회에 나가서 2등상을 차지하기도 했습니다'라는 식으로 대충 쓴 학생이 있었습니다. 만일 육하원칙을 생각하면서 '저는 중학교 2학년 때인 2006년 9월 15일 한국발명협회 주최의 제17회 전국학생발명대회에 참가해 '물 아끼는 수도꼭지'로 2등에 입상했습니다'라고 쓰면 어땠을까요. 훨씬 좋은 평가를 받을 수 있었을 것입니다.

-〈조선일보〉 2013년 12월 24일자

기자들의 '5W1H 사랑'은 여기에서 그치지 않는다. 자신의 이메일 계정에 아예 5W1H를 넣기도 한다. 'moon5w1h'와 같이 이름과 결합해서, 혹은 그냥 '5w1h'를 자신의 이메일로 사용하는 것이다. 세상에서 글에 관한 한 가장 자신 있는 그들이 5W1H를 이토록 소중하게 여기는 것은 글쓰기의 기본 중 기본이 5W1H임을 잘 알고 있기 때문이 아닐까.

기자는 리포터(reporter)다. 리포트, 즉 보고를 업(業)으로 삼은 사람들이다. 늘 누군가에게 보고를 해야 하는 그들은 5W1H에 목을 매고 있다. 우리 역시 보고를 해야 한다. 직장 생활을 하는 한 보고를 회피하고서는 편한 시간을 보낼 수가 없다. 그렇다면 일상이 보고인 기자들의 마음을 5W1H를 통해 배워나가는 것이 어떨까.

5W1H는 초등학교 때부터 배웠던 내용이다. 성인이 된

우리가 이를 다시 배워야 하는 이유는 그만큼 실생활에서 5W1H에 맞춰 말하고 글 쓰고 보고하는 경험이 부족했기 때문이다. 보고를 잘하고 싶다면 뭔가 대단한 기술을 찾기 전에 5W1H부터 시작하자. 나의 보고에 5W1H가 잘 녹아들어 있는지 늘 확인해볼 일이다.

3
일본의 경제 활황을 이끈 보고 문화

'보고를 위한 보고'

'보고서를 위한 보고서'

'회의를 위한 회의'

지겹다. 왜 우리의 조직에서는 이런 일들이 끊이지 않는 것일까. 영양가 없는, 무슨 의미인지도 모를 보고와 보고서 그리고 회의에 시간을 보내는 이유에 대해 나는 '할 일이 없어서'라고 생각한다. 할 일이 없으니 보고를 위한 보고를 하게 한다. 할 일이 없으니 보고서를 위한 보고서를 만든다고 시간을 보내게 한다. 할 일이 없으니 회의를 위한 회의를 하면서 사람을 이리저리 휘둘리게 한다.

다행스럽게도 이제 회의를 위한 회의, 보고를 위한 보고가 대한민국 기업들의 조직 문화에서 사라지는 듯 보인다. 내가 재직 중인 회사도 그러하다. 보고 문화, 회의 문화를 혁신하기 위한 다양한 개선 방안을 실제로 적용 중이다. 일단 보고서의 분량을 최소화했다. 파워포인트의 경우 최대 세 장을 넘지 않도록 지침이 생겼다. 혹시나 모를 끝없는 첨부 자료 역시 보고서에서는 배제하도록 했다.

2000년대 초반, 가깝지만 먼 나라, 일본의 경제는 활황이었다. 그들의 경제 활성화는 보고와 회의 문화의 혁신에서 시작된 것이 아닐까 생각한다. 자동차 회사 닛산의 회의 문화를 언급한 기사를 보았다.

리더는 개회 전에 참석해 회의 목적을 설명한 후 퇴장한 뒤, 토론이 끝나면 입장해 최종 결론을 내린다. 마에하라 야스히코 밸류업 추진지원팀장은 "리더가 회의에 참석하면 리더 생각대로 토론이 진행되는 문제가 발생한다"며 "리더의 임무는 토론보다 결정을 내리는 것"이라고 설명했다.

-〈한국경제〉 2003년 8월 19일자

이런 문화, 솔직히 지금 한국의 기업에서도 시도하는 것이 가능할까 싶다. 오래전의 유머가 기억난다. "베트남 전쟁 때 미국이 진 이유는 보고와 회의가 많아서였다." 이를 두고 많은 직장인들은 그 진위와 관계없이 고개를 끄덕인다. 그리고 말한다. "맞아. 우리 회사도 보고만 하다가, 회의만 하다가 망할 것 같아!"

닛산뿐이 아니었다. 일본의 기업들은 성장을 위해 조직의 커뮤니케이션 문화를 바꿔나가기 시작했다. 회의에서 리더의 역할을 변화시켰을 뿐 아니라 구성원들의 말하기 방법, 특히 보고에 5W1H를 적극적으로 도입했다.

도쿄를 중심으로 4백여 개 식당 체인을 운영하는 와타미 푸드 서비스는 매주 화요일 오전 7시 사장 주재로 업무개혁회의를 연다. 회의 때 애매한 표현은 허용되지 않으며 '5W1H' 형태로 자기 의견을 분명히 밝혀야 한다. 회의에서 결론이 내려지면 곧바로 시행에 들어간다. 일본 IBM의 경우는 회의에서 '거의', '대부분', '~것 같다'는 등의 불투명한 용어 사용을 금지, 날카로운 토론을 유도하고 있다.

-〈한국경제〉 2003년 8월 19일자

출처 기사의 날짜를 확인해보자. 2003년이다. 우리가 닷컴버블에 환호했다가 그 거품이 꺼지면서 절망하거나 부동산 투기에 열중할 때 그들은 기업에서 자신들의 가장 중요한 의사결정 수단인 회의 문화를 개선했다. '회의 혁명'의 핵심에는 5W1H가 있었다.

5W1H를 통해 보고를 하고 회의를 진행하면서 "결론 없이 시간만 낭비했던 일본 기업의 회의 풍토가 달라졌다"는 한 일본 언론의 말은 정확하다. 일본 기업들은 정해진 사람만 발언하거나 걸리는 시간에 비해 결과가 없는 회의의 문제점을 깨닫고 이를 혁신하기 위해 노력했다. 일본 기업들의 경쟁력 향상은 이러한 혁신을 통해 회의 생산성 향상에 성공한 기업들이 살아남으면서 시작되었다고 봐도 되지 않을까.

4
〈디스패치〉로부터 5W1H를 배운다

'파파라치(paparazzi)'

이 말은 '파리처럼 윙윙거리며 달려드는 벌레'를 의미하는 이탈리아어에서 나왔다. 지금은 연예인이나 유명인을 집요하게 쫓아다니며 특종 사진을 노리는 직업적 사진사를 일컫는다. 근래에는 자동차 신호 위반 등을 촬영하고 포상금을 타거나(카파라치), 노래방의 불법 영업 행위를 찍고 포상금을 받거나(노파라치), 학원의 불법 영업을 신고하는(학파라치) 등 '포상금을 노린 전문 신고꾼'이란 의미로도 사용된다.

파파라치 하면 생각나는 인터넷 매체가 있다. 〈디스패치

(Dispatch)〉란 곳이다. 주로 내는 특종은 연예인이나 스포츠 스타들의 데이트 장면, 출퇴근 장면 등이다. 사실 안다고 해서 그리 인생에 도움이 될 만한 내용이 아님에도 제목 자체만으로도 흥미를 끄는 기사를 만들어낸다. 오보와 허위 기사가 많아 기본적인 신뢰도조차 의심받는 지경이지만 여전히 한국에서는 독보적인 파파라치 언론 매체다.

타인의 사생활을 집요하게 취재하는 그들의 태도에 대해 언급하고 싶지는 않다. 하지만 그들의 기사 형식만큼은 배울 만하다. 읽는 사람에게 명쾌하면서도 깔끔한 느낌을 주는 그들의 기사, 도대체 어떤 방식으로 쓰이는 것인지 궁금해서 분석해보았다. 여지없었다. 5W1H가 기사 가득, 하지만 간결하게 배치되어 있었다.

〈디스패치〉의 기사는 5W1H에 대한 모범 사례와도 같았다. 보고에 어려움을 겪는 우리에게, 5W1H를 이론으로만 배운 우리에게 그들의 기사는 어떻게 보고를 해야 하는지, 어떻게 5W1H를 사용해야 하는지에 대한 모델과도 같다. 그들이 어떻게 5W1H를 기사에 적용했는지 다음의 기사에서 확인해보도록 하자.

"아트수애는 처음이지?" … 수애, 뉴욕 갤러리 입성

▷ WHO: 배우 수애.

▷ WHERE: 뉴욕 맨하탄 텐리 갤러리.

▷ WHEN: 2017년 2월 28일(현지 시간).

▷ WHAT: 'LIMBO' 오프닝 리셉션 참석.

▷ WHY: 강영길 사진작가 뉴욕 첫 개인전에 등장. 수애는 아티스트 자격으로 참석함. 전시 작품은 총 15점. 수애는 절반 이상에 피사체로 퍼포먼스를 함.

▷ HOW: 수애와 강 작가의 아트 콜라보. 배우 아닌 아티스트에 첫 도전. 뉴욕으로 진출. 현지 평론가, 사진작가, 큐레이터 등이 호평. 성공적인 스타트.

－〈디스패치〉 2017년 3월 2일자

지금까지 내가 본 수많은 기사 중에서 〈디스패치〉의 기사만큼 5W1H가 명확한 기사를 본 적이 없다. 너무나 명확하기에, 너무나 선명하기에 설령 그 내용이 거짓이라도 － 그럴 리는 없다고 믿고 싶지만 － 믿을 수밖에 없을 것 같다. 이제 우리의 보고를 되돌아보자. 우리의 보고는 5W1H를 적극적으로 활용한 〈디스패치〉의 기사와 비교해 어떤가.

〈디스패치〉가 자신들이 취재한 내용을 세상에 표현하는 방식을 따라 하는 것이 어떨까. 누군가로 하여금 쉽게 읽도록 만드는 그들의 5W1H 리포트를 있는 그대로 받아들이자. 당장 내일 보고를 해야 한다면? 보고할 내용의 분량을 늘리기보다는 〈디스패치〉가 사용한 최소한의 5W1H부터 정리하는 것이 현명한 선택이리라.

5
'언틸 킴'을 아는가?

글로벌 기업에서 부사장까지 지낸 분과 이야기를 나누게 되었다. 그분은 직장에서 나름대로 '큰물', 그러니까 임원들이 우글우글한 곳에서 오랜 시간을 보냈다. 나와 같은 평범한 직장인은 접하지 못한 일들을 겪었다. 임원의 세계, 궁금하지 않은가? 그분에게 여쭈어봤다.

"큰 회사에서 초짜 임원부터 10여 년이 넘게 임원의 자리에 있는 분들까지 많은 분들을 접하셨잖아요? 임원을 오래 지내고 높은 자리까지 올라간 분들에게는 어떤 특징이 있습니까?"

그분은 소위 '잘나가는 그들'의 특징으로 세 가지를 꼽았다.

"세 가지 특징이 있습니다. 첫째, 성격이 급합니다. '빨리 빨리'라는 말이 입에 붙어 있어요. 여유 만만한 임원? 제 기억에는 한 명도 없었습니다. 둘째, 말이 빨랐어요. 듣기만 해도 숨이 넘어갈 정도로 말이 빠르신 분들이 많았어요. 마지막으로 걸음이 빨랐어요. 회사 밖으로 점심 식사라도 나가게 되면 한창때의 저도 회갑이 넘은 그분들을 쫓아가기가 힘들었습니다."

한마디로 "모든 게 빨랐다"는 거였다.

여기에서 우리는 보고를 할 때 중요한 포인트 하나를 알아챌 수 있다. 보고의 기술로서 우리가 활용하려는 5W1H에서 '언제(when)'는 우리가 생각하는 것보다 훨씬 더 중요하다는 점이다.

언제 일어난 일이지?

지금은 어떻게 진행되고 있지?

언제까지 끝내야 하지?

이 세 가지 생각을 염두에 두지 않은 보고는 무모하다. 보고뿐만이 아니다. 보고서 역시 마찬가지다. 두툼한 보고서를 제출했을 때 처음부터 하나하나 보는 윗분들을 본 적이 있는가. 휙휙 넘기다가 제일 끝에 있는 일정표에 눈이 오래 머무는 윗분들이 대부분 아니던가.

예전에 함께 일했던 상사가 기억난다. 그분의 성은 '김(金)'이었고, 별명은 '언틸 킴(Until Kim)'이었다. 언틸은 영어 'until(~까지)'을 말한다. 즉, 이분에게 보고를 하면 시작할 때 그리고 끝날 때 꼭 하시는 말씀이 '언제까지 하는 겁니까?', '언제까지 끝나는 거죠?'였기에 '언틸 킴'이란 별명을 얻게 된 것이다. 시간에 중요한 가치를 부여하는 것은 직장에서 최고의 자리에 있는 사람들의 공통점이다.

보통의 직장인들은 시간관념이 부족한 경우가 많다. 시간관념이 부족한 것을 '여유'라고 포장한다. 혼자 일하는 것이라면 뭐, 그럴 수 있다. 하지만 보고에 '여유'라는 자신의 시간관념을 함부로 부여해서는 안 된다. 보고를 받는 그들은 여유가 없기 때문이다.

물론 5W1H의 다른 요소들이 중요하지 않다는 이야기는 아니다. 문제의 원인인 'why', 문제의 해결 방안인 'what', 문제 해결을 위한 실행 방안인 'how', 진행의 주체인 'who', 관련 부서 등을 고민하는 'where' 등 하나하나가 모두 절대 놓쳐서는 안 될 것들이다. 다만 우리가 보통 우습게 여기는 'when'이 생각보다 중요하다는 사실을 알려주고 싶어서 이야기했다. 그들이 늘 '빨리빨리'라고 하는 데에는 다 이유가 있음을 기억해두자.

6

W와 H 외에 더 필요한
알파벳을 찾아내자

세상에 원칙이 어디 있겠는가. 그냥 듣기 쉬우라고 기억하기 좋으라고 만드는 것이지. 5W1H도 마찬가지다. 우리가 5W1H를 사용해 보고를 하는 것은 보고를 잘하기 위함이지 5W1H를 잘하려는 게 아니다. 그렇다면 우리는 스스로에게 질문해봐야 한다. 보고를 하기 위해 또 필요한 W 혹은 H, 아니 또 다른 알파벳이 있는지 말이다.

단, 보고란 일에 대한 것이며, 일이란 문제를 해결하는 것임을 염두에 두고 한두 개 정도만 추가해보라. 나라면 5W1H에 두 개의 'D'를 붙일 것 같다.

첫째, done(지금까지 진행된 것).

보고 시점까지 무엇이 일어났는지, 히스토리를 말할 수 있는 보고자가 되어야 한다. 히스토리는 중요하다. 과거가 없이 현재는 없으며 또한 미래도 예측 불가능하게 되기 때문이다. 그러니 지금까지 일어났던 일에 대한 보고 준비는 빠뜨리지 말아야 할 요소다.

참고로 보고를 받는 그들은 '서프라이즈'를 그리 좋아하지 않는다. 보고의 내용이 아무리 좋은 일이라고 하더라도 갑작스럽게 "제가 지금까지 말씀 안 드렸는데 깜짝 놀라게 해드리려고 그런 겁니다"라고 했다간 칭찬은커녕 질책만 잔뜩 당할 것이다. 나쁜 일이라면 말할 필요도 없고.

둘째, decision(보고자의 결심).

일하는 사람이 열정이 없어 보이면 심심하다. 필요하다면 목소리를 내는 것도 괜찮다. 아니, 오히려 다소 지나칠 정도로 적극적인 보고자의 의지를 필요할 때 간간이 보고에 포함하면 좋다. 만약 업무에 관한 것이라면, 고객에 관한 것이라면, 우리의 목소리는 조금 커져도 괜찮다. 보고하는 업무 담당자의 정신 자세는 보고의 내용 이상으로 보고를 듣는 사람에게 영향을 준다. 자신 없어 하는 모습보다는 자신의 도전 정신과 열정을 보고의 한 귀퉁이 정도에 넣어보자.

'5W1H도 따라 하기 힘든데 2D까지……'

힘들어하는 당신의 모습이 보이는 것만 같다. 그럼에도 불구하고 나는 당신에게 "보고에 대해 혐오감을 느끼고, 보고의 순간을 회피하려 하며, 보고에 따른 결과에 실망만 하기보다는 '보고 하나만으로 이 조직에서 유명해질 것이다'라고 스스로 결심해보십시오"라고 조언하고 싶다.

나 자신, 솔직히 예전에는 보고에 익숙하지 못했음을 고백한다. 당신만큼은 보고 때문에 피해를 입기보다 보고 덕분에 발전하기를 바란다. '어느 누구도 당신처럼 그렇게 보고를 잘할 수 없다'는 평을 들을 때까지 탁월함을 추구했으면 좋겠다. 보고라는 현실에서 넘어졌다고 다른 곳을 찾아보는 게 아니라 넘어진 바로 그곳에서, 우리를 넘어뜨린 그 땅을 짚고 일어서서 시작하는 진짜 승부에 익숙해지기를 바란다.

5W1H를 넘어서 더 많은 W, H 그리고 D를 붙이는 것은 "내가 곧 회사다!"라는 주인의식에서 비롯된다고 본다. 월급에 목매고 사는 평범한 직장인이 아니라 '나는 회사와 단독으로 계약을 맺은 1인 기업가다'라며 보고 하나도 프로페셔널하게 해내려는 마음가짐을 지닌 사람의 자세다. 물론

보고라는 거, 쉽지 않다. 하지만 하루하루 작은 것부터 개선해나간다면 '보고의 달인', '보고의 신'이라는 말을 들을 날이 곧 다가올 테다.

7
보고란 가지치기다,
MECE와 4P를 활용하자

'가지치기'란 '나뭇가지의 일부, 즉 가지와 눈, 그리고 뿌리와 같은 식물의 일부를 선별하여 제거하는 것'을 말한다. 개념을 다시 한번 들여다보자. 두 단어가 눈에 띄는지 모르겠다.

'선별'

'제거'

보고는 일종의 '가지치기'가 아닐까 싶다. 보고할 내용을 '선별'하고 보고하지 말아야 할 내용은 '제거'하는 것이 보고의 본질이다. 세계적 컨설팅 기업 매킨지는 어려운 문제를 똑똑하게 풀기 위한 방법으로 '로직 트리(logic tree)'라는 분석 툴을 내놓은 바 있다. 로직 트리는 트리(tree)라는 단어에서 알 수 있듯이 하나의 문제에서 출발하여 가지를 뻗듯 문제를 잘게 쪼개나가면서 논리적 해법을 찾는 기법이다.

그렇다고 가지치기가 무작정의 단순함을 요구하는 것은 아니다. 매킨지는 무의미한 선별과 제거를 막고자 추가적으로 현명하게 사고하기 위한 방법으로서 'MECE'라는 개념을 내놓았다.

MECE란 'Mutually Exclusive(각 요인이 서로 중복되지 않고)'에서 M과 E를, 'Collectively Exhaustive(누락이 없도록)'에서 C와 E를 추출해 만든 단어다. 문제의 해결을 위해 생각해야 할 전체를 조금의 누락도 없이 모두 고려하되, 부분집합들이 중복되지 않도록 상호 배타적으로 구성하는 기법이다. 예를 들어보자.

매출 하락의 요인으로 '광고 전략 실패'와 '마케팅 부족'을 파악했다고 하자. 광고 전략은 마케팅이라는 카테고리에 포함될 수 있다. 중복된 것이다. 이뿐만 아니다. 경기 흐름이나 경쟁사 등장 등 조직 외부 요인이 누락돼 있다면? 종합적 분석과 해법 찾기가 어려워진다.

만약 MECE 스타일로 문제 요인을 분석한다면 어떨까? 검증된 프레임, 예를 들어 마케팅 핵심 요소인 제품(product), 유통 경로(place), 판매 가격(price), 판매 촉진(promotion) 등 '4P'로 나눠서 살펴보게 된다. 이 중에서 제품은 품질, 디자인, 서비스 등으로 나눌 수 있다. 이런 식으로 잘게 쪼개면서 문제 상황에 대한 구체적 분석을 진행한다면 중복과 왜곡은 줄어들 것이다.

보고 역시 마찬가지다. 중복, 왜곡된 말을 반복하기보다는 나름의 방법론으로 자신만의 이야기를 할 수 있어야 한다. 필요 없는 내용은 제거하고 필요한 내용은 선별하여 궁극적으로 업무의 성과와 자신의 성장에 도움을 주는 방법으로 보고를 하는 것이 목표다.

5W1H, MECE, 그리고 4P까지, 보고 한번 하는데 무슨 개념이 이렇게 많이 나오느냐고 불평하지 말자. 사실 이 개념들은 우리가 일상에서 알게 모르게 늘 고민하는 생각들을 나름대로 체계적으로 구조화한 것일 뿐이다. 그러니 겁먹을 필요도 없다. 편안하게 이들이 말하고자 하는 것들을 유형별로 활용하면 된다. 그뿐이다.

보고를 준비하기 위한 도구로 5W1H를, MECE를, 4P를 문득문득 머리에 떠올릴 정도만 되어도 '제대로 된 보고'를 하기 위한 방향으로 한 걸음 들어간 셈이다. 수없이 많은 구조적 사고의 틀이 있고, 세상 사람 수만큼의 보고 스타일이 있지만 이들에 무작정 휘둘리기보다는 나만의 보고 툴로서 활용하겠다는 마음가짐에서 시작하자.

8
핵심만을 임팩트 있게 전달한다

목표가 소박할수록 그것을 이루려는 힘은 강해진다. 보고 등의 커뮤니케이션 역시 마찬가지다. 우선 일상에서 흔히 겪는 쉬운 예를 들어 설명해보자. 회사의 어느 부서에서 회식 장소를 정할 때 다음의 두 가지 중 어느 것이 대화의 목표, 즉 회식 장소의 선택을 빠르게 이뤄낼 수 있을까.

1. 뭐 먹을까. 김 대리는 뭐 먹고 싶어? 이 과장은? 아니다. 우리
   신입 사원인 경민 씨가 장소를 정해보면 어떨까.
2. 뭐 먹을까. 일단 회사에서 걸어갈 수 있는 곳으로 장소를 잡
   는 게 어떨까?

정답은 2번이다.

말을 이끌어나가려면 일단 범위를 좁혀야 한다. 장소와 시간, 그리고 개인의 취향까지 '모두' 고려해서 회식 장소를 정하다 보면 중구난방으로 의견이 나오기 마련이다. 반면에 장소를 먼저 확정하고 시간이나 메뉴를 정하면 금방 결론이 난다. '사공이 많으면 배가 산으로 간다'는 말이 있듯이 이것저것 의견을 들어봐야 괜히 복잡해지기만 한다.

비슷한 사례를 하나 더 확인해보자. 특히 점원의 말에 집중해보라.

고객: 의자를 사러 왔습니다.

점원: 의자요? 이게 좋습니다. 요즘 북유럽에서 유행 중인 모델인데요…….

고객: 아니, 집에서 아이 책상 의자로 사용할 거라. 저렴했으면 합니다.

점원: 요즘엔 가격보다는 기능이죠. 브랜드도 중요합니다. 이거 별로신가요.

고객: 네, 말씀드렸듯이 아이 책상 의자라.

점원: 그럼, 이 의자는 어떠세요. 책상과 한 세트로 할인 판매

중인데 이 기회를 놓치시면…….

고객: …….

'열심히' 설득하는 것도 좋지만 더욱 중요한 것은 '잘' 설득하는 일이다. 그런데 점원은 고객의 생각은 염두에 두지 않고 자신의 지식을 뽐내듯이 설명하는 데에만 열중하고 있다. 이를 듣는 고객은 소위 '판매 매뉴얼'에 의해 기계적으로 판매하려는 세일즈 기법을 알아차리고 결국 구매에 거부감을 갖게 될 것이다.

보고의 현장 역시 마찬가지다. 보고자가 말하고 싶은 것이 100개라면 그중에 90개는 제거하고 나머지 10만 말해도 충분하다. 용건만 간단히, 해야 할 말만 임팩트 있게 전달하는 연습이 필요하다. 말은 길어지면 지루할 뿐이니 쓸데없이 많은 것을 전달하려고 애쓰지 말아야 한다.

'와! 이 친구는 어찌 이렇게 철저히 업무를 분석한 걸까. 내가 알고 싶어 하고, 듣고 싶어 하는 이야기만 콕 찍어서 말해주는구나. 속이 다 통쾌하다, 정말 괜찮은 친구야!'라는 감탄을 듣고 싶은가. 아니면 '이 친구는 도대체 뭔 생각으로 뜬구름 잡는 소리만 하고 있나?' 하는 탄식을 듣고 싶은가.

탄식이 아닌 감탄을 얻고 싶다면 보고의 상대방인 그들의 눈높이에 맞추려는 자세가 필요하며, 그 키워드는 '핵심만 말하는 연습'이다.

기업에서의 보고란 이제 단순히 '그때그때 상황을 알리는 말'이 아니다. '전략적으로 기획하는 말'로서의 중요성이 더해지고 있다. 당면한 문제를 알리는 것에 그치는 보고가 아닌 이슈 해결을 위한 판단에 도움을 주는 보고가 핵심이 되어가고 있다.

여전히 무엇이 핵심을 말하는 보고인지 와닿지 않는다면 '숫자 3의 기술'을 활용해보는 것도 괜찮겠다. 그 어떤 보고에서든 '세 가지'를 근거로 들어 말하는 것이다. 예를 들어 "제가 이렇게 판단하는 근거는 세 가지입니다. 첫째……", "현재 우리 부서가 처한 위기 상황은 세 가지로 분석할 수 있습니다. 첫째……" 등의 형태로 표현될 수 있을 것이다. 이미 수많은 사람들이 보고의 스킬로 사용하고 있기에 더 구체적인 설명은 하지 않겠다. 결론은 핵심을 임팩트 있게 말하는 것이 보고의 모습이어야 한다는 것, 이것 하나만은 잊지 말자.

9
'리더 호르몬'을 모른 채
보고하는 것은 무모하다

보고를 받는 사람들은 보고자에겐 늘 부담스러운 존재다. 경우에 따라서는 − 어쩌면 대부분의 직장인들에게 − 조직 생활을 하는 데 가장 큰 걸림돌이 바로 그들일 수도 있다. 인간관계를 다룬 자기계발서가 그토록 많은 이유 역시 아마 그래서일 테다. 여기서 이 말씀을 드리고 싶다.

"그들이 원래 그런 사람은 아니다!"

리더가 되면 자연스럽게 뿜어져 나오는 '리더 호르몬'이 분출되고 있을 뿐이다. 리더가 되어서도 리더다운 '리더 호르몬'이 나오지 않는다면 그는 오히려 그 자리를 반납하고 다시 제자리로 돌아와야 한다. 그러니 리더가 되어 갑자기 사람이 달라졌다고 그를 원망하지 말자. 아니 리더 호르몬을 모르고 보고를 하겠다는 보고자 자신의 무모함을 먼저 반성해야 한다.

리더 호르몬에는 몇 가지 특징이 있다. '기다림을 못 참는다', '목소리가 커진다', '숫자에 민감해진다' 등이다. 변화가 생기는 이유는 리더 호르몬이 그들에게 쾌락을 느끼게 만들기 때문이라는 얘기도 있다. 누군가를 컨트롤하는 느낌, 자신이 한 부서의 분위기를 좌지우지하는 느낌을 즐기는 것이다.

이 모든 것이 우리에겐 벅찬 도전일 수 있다. 그러나 그냥 편하게 생각하자. 그들이 원래 그런 사람이 아니었음을 인정하자. 그들은 원래 수줍어하는 사람들이다. 타인과의 인간관계에 민감하고 자신의 성과에 대해 늘 반성을 멈추지 않는 그런 사람들이다. 리더 호르몬 때문에 겉으로만 달리 보일 뿐이다.

이런 그들을 우리가 도와줘야 한다. 수줍어하는(!) 그들에게 끊임없이 "당신 생각은 어떠신가요?"라고 물어볼 줄 알아야 한다. 우리의 보고에 그들이 기꺼이 참여할 수 있도록 말이다. 전달하고 싶은 내용이 있더라도 무작정 보고만을 앞세운다면 그들에게는 가치의 공유가 아닌 강요로 받아들여질 뿐이다. 그러니 전달하고 싶은 내용이 있다면 그들이 귀를 기울일 수 있도록 하는 게 보고자로서 우리의 의무다.

보고를 하러 들어갈 때 우리는 '빨리 끝났으면'이라는 부정적 기대감만 갖고 들어갔었다. 이제부터라도 작은 것 하나부터 즐겨보면 어떨까. 그들의 시간을 나의 것으로 만들고 있다고 생각하자. 괜히 누군가의 표적이 되고 있다고 걱정하기보다는 능동적으로 그 사람과 교류하고 또 정보를 얻어내는 편이 낫다. 그 과정에서 정보는 일상의 대화처럼 흘러갈 수도 있다. 자주 만나고 자주 접촉해야 보고가 편해진다. 보고를 받는 그들이 우리에게 익숙해져야 한다.

설득과 협상 분야의 세계적 전문가인 로버트 치알디니는 자신의 책 《설득의 심리학 1》에서 사람은 모두 익숙한 것을 좋아하며, 이러한 성향은 선거를 비롯해 거의 모든 분야의 결정에 영향을 미친다고 언급하며 이런 사례를 들었다.

"투표소에 가보면 그저 이름을 안다는 이유만으로 특정 후보에게 표를 던지는 유권자가 상당히 많다. 몇 년 전 오하이오주 검찰총장 선거에서 당선 가능성이 거의 없었던 후보가 선거 직전 오하이오주에서 유서 깊은 정치가 가문인 '브라운'으로 성을 바꾼 후 압승을 거둔 황당한 사태도 있었다."

보고를 받는 그들이 우리의 보고 스타일에 익숙해지도록 하기 위해서라도 평소에 그들과 접촉하고 또 협조하면서 익숙함을 강화해나가야 한다. 그렇게 할 때 보고에서도 내 목소리를 자신감 있게 낼 수 있으며, 자신의 목소리가 아닌 남의 목소리에 끌려다니는 삶을 끝낼 수 있다.

10
강렬하고 도전적인 보고를 위한 첫걸음

나는 누구일까.

'회사원'

'직장인'

'영업 사원'

뭔가 허전하다. 나 자신을 표현하는 다른 말은 없을까. 이렇게 나를 표현하면 어떨까.

'고객의 문제를 해결해주는 솔루션 닥터'

'최고의 IT 서비스를 세상과 소통시켜주는 커뮤니케이션 디자이너'

어색한가? 글쎄, 자기 스스로를 정의하는 개념만큼은 무미 건조한 보통명사가 아닌 구체적이고 멋진 언어로, 세상에 기여하는 바를 표현해도 괜찮다. 자신을 스스로 높이지 못하는 사람은 그 누구로부터도 높임을 받지 못한다.

보고도 마찬가지다. 보고자는 보고받는 사람이 의사결정을 할 수 있도록 잘 표현해내는 사람이다. 그것이 결국 조직의 미래를 좌우한다. 그저 그런 보고자가 아닌 것이다. 이렇게 자신을 정의하면 보고 그 자체에 대해서도 달리 바라보게 될 것이다.

오직 보고하는 사람의 입장만이 아닌 조직을 끌고 가는 사람의 입장에서 분석하고 정리하는 것이 보고의 모습이어야 한다. 보고에서의 고객인 상사, 리더의 생각을 알아채고 또 정리할 줄 알아야 한다. 조직의 생존을 위해서도, 자신이 속한 부서에 닥친 도전적인 목표를 성취하기 위해서도 보고자에게 필요한 덕목이다.

그렇다면 보고는 도전적이어야 한다. 보고란 조직의 생존과 부서의 목표 달성을 말하는 자리다. "우리는 지금 충분히 만족할 만합니다. 현상 유지만 잘해도 됩니다"라는 보고는 존재하지 않는다. 이런 보고를 받고 '아, 긍정적인 보고를 하는구나!'라고 생각할 사람은 없다.

현상 유지에 만족하겠다는 말은 성장하는 세상에서 — 불경기라고 난리를 치는 2019년 대한민국의 경제성장률도 어쨌거나 플러스다 — 퇴보를 선언한 것이나 다름없다. 보고에는 현상 유지 이상의 것이 들어가야 한다. 필요하면 현상 그 자체에 도전할 수도 있어야 한다. 조직의 핵심적인 전통이나 표준 운영 절차를 완전히 바꾸는 보고를 하라는 게 아니다. 한 기업의 핵심 가치와 절차를 손상하지 않으면서도 새로운 것에 도전을 선언하는 것을 목표로 하자는 말이다.

현상에 대한 객관적인 분석, 그리고 그 분석을 통해 드러난 문제점에 대해 도전적으로 보고하는 사람은 나름대로 보고의 범위를 한정 짓는 능력이 있다. 대단한 목표를 선언하는 것 이전에 자신의 보고 범위를 깔끔하게 정리하고 시작할 줄 아는 것이다. 예를 들면 이렇게.

"오늘 제가 보고드릴 내용은 익월 마케팅 행사 내용 중 신용카드사와 협업한 요금 할인 범위 안에서 다루겠습니다."

보고는 도전적이어야 한다고 했다. 하지만 그렇다고 해서 지금 당장의 보고 범위를 무시하라는 이야기는 아니다. 뭔가 대단한, 크고 장대한 모습을 보여주겠다는 무모함을 버리고 지금 당장 보고해야 할 것과 미루었다가 제대로 보고해야 할 것을 구분하려는 노력이 필요하다. 나는 이를 '성 공적인 숨기기 스타일의 보고'라고 말하고 싶다.

보고할 주제에 대한 '무작정의 숨김'이 아니라 '단계적 보고'의 과정으로 받아들였으면 한다. 한 번에 보고하기에는 덩어리가 너무 크니 보고하는 정보의 양을 보고자가 이해하기 쉽도록 나눠서 보여준다고 말이다. 지나치게 작은 덩어리로 나누어 보고받는 사람이 보고 시간에 대해 비효율적이고 지루하다는 느낌을 받지 않도록 조심한다면, 단계적 보고는 핵심에 접근하는 보고 방법으로 추천할 만하다.

한 번에 모든 것을 말하고 싶은가? 그 마음은 알겠으나 조금만 여유를 가지길 바란다. 어차피 보고는 사용자인 그들의 언어로 이야기해야 한다. 그들은 우리에게서 핵심에 빠르게 접근할 수 있는 보고를 듣길 원한다. 또한 보고 내용을 작은 덩어리로 나눈다고 해서 지나치게 부분적인 것들에 집중한다면 우리의 보고는 환영받지 못함을 기억하자.

5
여운을
남겨라

상대의 협조를
얻는 기술

1
불필요함과 복잡함을 제거한다

'왜 늘 바쁠까?'

어떤 일을 하나 끝내고 한숨 돌리기도 전에 또 다른 일들이 연달아 터질 때면 자꾸 이런 생각만 든다. 조직 생활을 처음 할 땐 '회사 생활에 아직 적응이 안 됐구나'라고만 생각했었다. 그런데 1년, 2년, 그리고 10년이 지나도 똑같이 힘든 것을 보면, 아니 어쩌면 더 힘들어지는 것을 보면 적응 문제는 아니라는 생각이 든다. '다른 사람들은 모두 별일 없어 보이는데…… 늘 나에게만 일이 몰리는 건 아닐까?'라는 말도 안 되는 투정을 마음속으로 간직하며 끙끙 앓기도 한다. 그랬었다. 내가. 부끄럽지만 나의 얘기다. 이제는 안다.

결국 문제는 나에게 있었다는 것을.

보고를 두려워했던 것도 마찬가지였다. 한두 번 보고에서 깨졌다고 마음에 상처를 받고, 보고 그 자체를 두려워하고 회피했으며 짜증만 냈다. '이거 했나? 저거 했나?' 하는 상사를 볼 때마다 '뭘 어쩌라고?'라는 불평으로 스스로를 방어하기도 했다. 이제는 ─ 솔직히 늦었지만 ─ 깨닫는다. 불평에서 벗어나 도전해야 했음을. 불만을 갖는 대신에 내가 조직 구성원으로서 적합한지 확인해보고 스스로를 업데이트해야 했음을. 업데이트는 스마트폰의 애플리케이션에만 필요한 게 아니었다.

나 자신을 업데이트하는 방향은 '간결'이었으면 더욱 좋았을 것이다. 간결한 보고는 물론 상대방에 대한 간결한 대응도 괜찮은 자세였을 것이다. 별것도 아닌 사항을 복잡하게 생각하느라 대응에 늦고 결국 어려움을 겪은 적이 많았던 것 같다. 보고뿐만일까. 스마트폰의 업데이트도 간결하게, 즉 불필요함과 복잡함을 제거하는 방향으로 이루어져야 바람직하다고 믿는다.

개인적으로 스마트폰의 수많은 기능 중 캘린더 앱을 적극적으로 활용한다. 나의 시간에 대해서만큼은 강박관념이 있을 정도로 소중하게 여기는데 캘린더 앱이 그 고민의 반 이상을 해결해주기 때문이다.

어느 날이었다. 여느 때와 같이 늘 사용하던 캘린더 앱을 열었다. 평소에 자주 보는 메시지가 떴다. "기능 개선이 되었으니 업데이트를 하십시오." 클릭했다. 그리고 후회했다. 예전보다 알록달록, 밝고 화려해지긴 했다. 하지만 내가 잘 쓰던 캘린더 앱의 모습은 사라졌다. 단순하면서도 필요한 내용을 바로 볼 수 있는 구조가 아니라 한두 번 더 클릭해야 일정을 확인할 수 있는 시스템으로 바뀌어 적응하기 어려웠다. 그뿐이 아니었다. 로딩 속도가 늘었다. 한 번에 뜨던 앱이 2~3초간 멍하니 있어야 비로소 열렸다. 화가 났다.

'그들이 만들어놓은 그들만의 기능 개선'에 정작 사용자인 내가 불편함에 적응하려고 노력해야 하는 상황에 기분이 나빴다. 결국 다른 캘린더 앱으로 바꿨다. 실제 앱을 사용하는 고객의 생각과 느낌보다는 자신들의 필요에 의해 기능이 업데이트된 것 아닌가 하는 짜증이 생겼기 때문이다. 예를 들어 나의 일정을 일종의 데이터로 바라보고 수집하려는 의도는 아닐까 하는 생각이 들었다. 쓸모없는 기능과 눈이 아플 정도의 화려함으로 일정 관리라는 캘린더 본연의 기능을 무시한 것에 고객인 나는 이탈을 선언한 것이다.

보고 역시 마찬가지다. 일을 잘 못하는 사람일수록 불필요함에 둘러싸이는 것을 마다하지 않는 경향이 있다. 잘 보라. 아니 여쭤보라. 그들이 '깔끔하고 심플한 보고'를 좋아하는지, '군더더기가 덕지덕지 붙어 있는 보고'를 좋아하는지. 뻔한 결론임에도 우리들은 착각한다. 직장 생활을 하면서 보고에 대해 '잘못된 업데이트', '잘못된 기능 개선'을 계속해왔기 때문이다. 보고를 잘하고 싶다면 보고의 내용과 형식 면에서 불필요함에 대한 컨트롤에 익숙해지도록 스스로를 업데이트해야 한다.

소프트웨어에 자꾸만 기능을 붙여봐야 그 소프트웨어의 지속 가능성은 떨어지기만 할 뿐이다. 기능을 추가할수록 그 기능을 사용하는 사람이 새로운 가치를 만들어낼 기회는 줄어든다. 보고의 장면과 너무나 유사하다. '왜 어떤 사람은 말할수록 손해를 보는데 어떤 사람은 말하지 않아도 인정을 받으며 승승장구할까' 하는 생각이 든다면 조직에서 하는 나의 발언이 쓸데없는 말들로만 도배되어 있는 것은 아닌지 되돌아볼 일이다.

누구나 말할 수 있는 세상일수록 입이 무거운 사람이 승리자가 되는 것처럼 늘 있는 보고라고 무작정 말의 양을 늘리려고 애쓰는 건 어리석다. 보고를 잘하는 사람은 복잡성이란 불편함을 저기 어딘가에 버릴 줄 안다. 대신 상대의 협조를 얻기 위해 단순하면서도 세련된 화법을 보고의 형식에 집어넣는다.

그뿐이 아니다. 보고를 받는 그들이 보고의 핵심이 무엇인지 쉽게 찾아낼 수 있도록 커뮤니케이션한다. 쓸모없는 말의 향연을 걷어내고 보고의 장면에 필요한 말만을 선별하고자 애쓴다. 보고를 통해 궁극적으로 자신의 가치를 성장시켜줄 수 있는 사람들, 즉 리더, 상사 등과 긍정적인 관계를 맺을 줄 안다. 이런 시간이 계속되면 일상의 모든 순간마다 의미 있는 한 걸음을 내딛을 수 있을 것이다. 우리가 스스로의 보고 태도를 업데이트해야 하는 방향이기도 하다.

2
보고할 때만큼은
'현명한 부정주의자'가 되라

　'이데올로기'는 세상에 대한 인식의 방법과 형태로서 세계관, 종교관, 가치관, 사상 등 다양한 신념 체계 혹은 인식체계를 말한다. 이는 사고와 관념의 체계이므로 현실의 모습과 직간접적으로 관계를 맺는다. 물론 개인의 살아가는 모습을 100퍼센트 있는 그대로 반영하는 것은 아니다. 오히려 왜곡된 환경에 의해 각자마다 차이가 생기고 또 그것이 내면에 잠재화되면 잘못된 신념이 되어 자신과 다른 사람에 대한 이해를 가로막기도 한다.

　좀 더 나은 사회란 무엇일까. 자신의 이데올로기만 고집하는 것이 아니라 타인의 이데올로기를 이해하는 데에도 관심을 두는 구성원들이 많은 사회 아닐까. 관계의 문제점을 인식하고 그것을 극복하려고 노력하는 것은 국가든 사회든 그리고 기업이든 가정이든 관계없이 그 구성원들에게 부여된 과제다. 자, 이쯤에서 우리 스스로에게 하나의 질문을 던져보자. 나의 이데올로기는 무엇인가?

민주주의자, 자유주의자, 개방주의자, 쾌락주의자…… 어느 것이든 괜찮다. 각자의 경험에서 생긴 이데올로기는 그 자체로 인정받는 게 맞으니까. 다만 그것을 드러내는 방식에는 조심스러워야 한다. 정치인이라면 자신의 이데올로기를 솔직하게 드러내는 것이 옳을 수도 있다. 하지만 나 그리고 당신과 같은 조직의 구성원이라면 이데올로기를 과감하게 드러내는 일은 독이 되기도 한다. 게다가 우리는 직장인이다. 아쉽고 또 답답할 수도 있겠지만 최소한 일터에 나온 그 시간만큼은 조직의 이데올로기, 그리고 상사, 리더인 그들의 이데올로기를 무시해서는 안 된다. 아니, 적극적으로 수용할 줄 알아야 한다.

보고는 나를 말하기 이전에 그들이 하고 싶어 하는 말을 대신 해주는 것이다. 그래서 더더욱 그들의 이데올로기를 파악하는 일이 중요하다. 그렇다면 그들의 이데올로기는 무엇일까. 오해가 있을 수 있겠지만 쉽게 표현해보겠다.

'부정주의자'

긍정이 아닌 부정에 그들은 익숙하다. 물론 겉으로는 늘 긍정을 부르짖는다.

"매출 목표 달성, 해야 합니다!"

"시장에서 1위, 할 수 있습니다!"

하지만 그 긍정의 뒤에는 '강력한 부정'이 존재한다. 보고를 받는 그들은 늘 걱정이 많다. 사람은 '손실 회피(loss aversion)'의 심리가 강하다고 한다. 즉, 손실 가능성을 어떻게든 피하려고 하는 경향이 있다. 새로운 것에 도전해 무엇인가를 얻는 기쁨보다 일이 잘 안 될 때의 고통을 더 강하게 느끼는 것이 인간의 심리다.

우리의 보고를 받는 그들은 이 손실 회피의 심리가 더 발달해 있다. 실패를 모르는 사람들이라고 칭송받는 리더들이 많은데 어쩌면 그건 실패를 모르기 때문이 아니라 실패를 극도로 싫어하는 그들의 마음이 그동안 실패를 막아낸 것일 수도 있다. 우리 보고자들은 이것을 보고의 현장에서 적절히 활용해야 한다.

물론 나는 당신이 긍정주의자이기를 바란다. 매사에 부

정적인 사람은 생각만 해도 우울하다. 그러나 보고의 순간만큼은 '현명한 부정주의자'가 되기를 권한다. 보고를 깔끔하게 진행할 수 있는 하나의 기술이기 때문이다. 예를 들어보자.

"마케팅 툴을 사용해 더욱 높은 성과를 이루겠습니다."

"지금 당장 마케팅 툴을 사용하지 않으면 경쟁사에게 뺏깁니다."

당신이 보고를 받는 사람이라면 위와 아래 중 어느 말이 더 귀에 잘 들릴 것 같은가. 긍정적인 멘트로 가득한 위의 말? 아닐 것이다. 예상외로 부정적 표현인 아래의 멘트가 귀에 잘 들어온다는 것을 느꼈을 테다. 서글퍼하지 말자. 오직 그들에게 잘 보이려는 생각으로 이렇게 말해야 한다고, 그야말로 부정적으로 생각할 이유가 없다.

이 방법을 사용하면 보고를 잘 진행할 수 있는 것은 물론 더 큰 이익이 있을 수 있다. 그건 바로 '보고를 하는 나 자신에 대한 보호'다. 부정적인 뉘앙스의 보고를 적절하게 말할 줄 알면 자신의 위치를 보호하는 데에도 도움이 된다. 징징대라는 말이 아니다. 냉철하게 분석하되 부정적인 데이터를 갖고 보고의 이슈를 들여다보라는 것이다. 이런 당신의

모습에 보고를 받는 사람들은 '밑도 끝도 없는 긍정주의자'
가 아닌 '과거와 현재 그리고 미래를 두루 분석할 줄 아는
차분한 분석주의자'라면서 당신을 인정해줄 것이다.

언젠가 삼성그룹 임직원 2,000명을 대상으로 한 설문 조
사 결과를 보았다. '조직 구성원의 위기의식'에 대한 조사
였다. '왜 삼성이 위기의식을 가져야 하는가?'라는 질문에
44.5퍼센트의 구성원은 '시장 변화 양상은 앞날을 예측할
수 없기 때문에'라고 했고, 17.5퍼센트의 직원은 '세계 1위는
끊임없이 위협받는 자리이기 때문에'라고 말했다. 삼성그
룹 구성원의 반 이상이 시장 변화에 대해 위기의식을 느끼
고 있었다. 최고의 회사도 이러한데 다른 기업들이야 시장
과 환경의 변화에 대해 얼마나 두려움이 크겠는가.

기업의 불안과 위기의식을 회사의 구성원인 우리도 절
실하게 느껴야 한다. 그리고 해결을 위해 함께 노력하겠다
는 보고를 해야 한다. 그래야 회사는 우리를 우호적으로 평
가하게 된다. 혹시 오늘 마침 보고를 해야 하는가. "생각보
다 상황이 그리 나쁘지 않습니다"라며 여유로운 모습으로
말을 시작하기보다는 "말씀하신 대로 상황이 좋지 않습니
다"라며 심각한 표정으로 보고의 첫 부분을 '코디네이션'하

라. 그게 연기든, 쇼든 관계없다. 지금 이 순간, 보고의 처음 시작만이라도 여유 있게 넘어가고 싶다면 보고받는 그들의 이데올로기인 '부정주의'를 적절하게 활용해보자.

3
보고의 고수들이 숨겨둔 기술,
미루기 전략

"잘못했지? 그렇지? 응?"이라고 우리가 물을 때 "네"라고 말할 사람은 세상에 당신의 자녀밖에 없다. 물론 아이들 역시 '가정의 평화'를 위해서 자신의 생각을 감추고 있는 것일 뿐, 속으로는 '잘못한 거 없는데 자꾸 그러지 마세요'라고 중얼거리겠지만. 자녀에게 잘못을 추궁하는 것도 문제인데 만약 보고를 하는 과정에서 보고를 받는 그들에게 "당신이 잘 모르고 계신 겁니다"라고 말한다면 과연 어떻게 될까.

열심히 준비한 당신의 보고, 혹시 그들의 생각과 차이가 있다고 당황하면 안 된다. 당황할 때 괜히 나오는 말 한마디가 보고 전체를 엉망으로 만들 수 있다. 자신의 생각과 다르다면 그냥 입 다물고 있으면 된다. 꼭, 어쩔 수 없이, 할 말을 하고 싶다면 주어를 '나'로 하여 "저는 다르게 생각했습니다"라고 '과거형'으로 말하면 된다. (참고로 이때 "저는 다르게 생각합니다"라면서 현재형으로 말해서는 안 된다.)

물론 가끔은 자기주장을 강하게 해야 할 경우도 있다. 당신이 영업 사원인데 고객을 만났다고 해보자. 고객은 '갑'이다. 그러니 함부로 그들의 말에 부정적인 의사를 표시하는 것은 금물이다. 하지만 경쟁사의 서비스에 당신 회사의 고객을 뺏길 위기에 있다면? 적극적으로 "나의 생각은 다르다" 아니 "당신이(경쟁사에 대해 생각하고 있는 당신의 생각은) 틀렸다"라고 직설적으로 나가는 것이 좋다. 고객의 말이 옳다고 해서 "어떻게 아셨어요? 경쟁사의 서비스가 사실 더 낫습니다"라고 말하는 건 영업 사원의 기초적 자질 문제이지 언어나 보고, 말의 문제가 아니다.

하지만 함께 조직에서 일하는 상사, 리더인 그들과 소통할 때는 "당신이 틀렸소!"라고 강하게 나가는 것을 자제해야 한다. 보고의 자리에서라면 더욱 그러하다. 보고에 관한 한 우리는 '보고를 파는 장사꾼'이다. 그들은 '우리의 보고를 사는 소비자'다. 그들은 우리의 고객이다. 고객이라면? 그렇다. 고객의 마음이 움직이게 해야 한다. 그게 예의다. 물론 윗사람의 생각이 명확하게 틀린 경우에도 늘 조용히 입다물고 있어야 하는 건 아니다. 이때 필요한 것이 '미루기 전략'이다. 미루기 전략이란 무엇인가. 두 가지가 있다.

첫째, 보고자로서 말을 미룬다.

보고의 현장에서 윗사람의 잘못을 '즉시' 지적하는 것은 어리석다. 잠시 말을 미뤄야 한다. 조금 시간이 지나서 윗사람에게 찾아간다. 그리고 말한다. "이사님이 말씀해주셨는데 제가 미처 말씀을 못 드렸습니다. 말씀하신 내용 중에 제 생각과 다른 게 있어서 이렇게 찾아왔습니다."

둘째, 윗사람이 보고를 받되 의사결정을 미루도록 한다.

보고를 받는 그들과 견해 차이가 심하다 싶으면 "이사님, 자료를 취합한 우리 부서의 담당자 박 대리와 미처 확인하지 못한 사항입니다. 확인하고 다시 말씀드려도 되겠습니까? 일정상 며칠간의 여유가 있으니 빠르게 확인하여 정확하게 말씀드리겠습니다"라고 말한다. 궁극적으로 그들이 보고에 따른 선택을 기분 좋게 미루도록 하는 것인데, 이때 핵심은 그들이 선택을 미루면서도 그 미룸에 충분한 여유가 남아 있음을 확신하도록 하는 것이다.

'의사결정을 하고 책임지는 건 윗사람의 몫이니 나는 관계없다'라는 생각은 무책임하다. 경우에 따라 그들이 마음 편하게 보고에 따른 선택을 미루게 만들 필요가 있다. 질문이라는 방식을 활용할 만하다. "이사님, 어떻습니까?", "이사님, 이 방향으로 확인하면 되겠습니까?"와 같이 묻는 것이다.

나의 말을 미루고, 상대방의 선택을 미루게 하는 것. 무작정의 부정이 아닌 적절한 인내와 질문을 활용하여 보고 현장의 분위기를 좋게 만드는 방법이다.

4
잘나가는 그들은 '삼성'을 'S사'라고 부른다

보고할 때는 그들의 언어를 써야 한다. 그들의 언어인지 아닌지를 평가하는 주체는 물론 우리가 아닌 그들이다. 보고를 하면서 보고받는 그들의 언어에 대해 모른다는 것은 이해의 대상은 될지언정 용서의 대상은 아니다. 그들의 언어에 익숙해진 후에야 비로소 보고를 할 자격도 있는 것이다. 잘 모른다면? 그들의 언어에 대한 경험조차 없다면? 그 어디서라도 좋으니 찾아서 물어보고 배워야 한다.

누군가의 언어를 안다는 것은 그 누군가가 그동안 어떤 경험을 해왔는지 아는 것과도 같다. 경험은 언어를 만들어낸다. 보고의 언어 역시 나와 그들 사이에 차이가 있을 수밖에 없다. 하지만 보고를 받는 것은 그들이고 결국 결정은 그들의 일이니 우선 그들의 언어를 수용할 줄 알아야 한다. 좀더 나아가 그들의 언어를 좋아하게 된다면 어느새 '보고에 관한 한 프로페셔널!'이라는 칭찬을 받게 될 테다.

세계적 베스트셀러 저자인 말콤 글래드웰이 자신의 책 《티핑 포인트》에서 소개한 일화도 상대방의 언어에 대한 이해와 수용이 커뮤니케이션을 얼마나 원활하게 만드는지를 말해주고 있다.

"톰 가우와 내가 그의 사무실에서 서로 마주 보고 앉아있을 때, 우리는 거의 즉시 육체적인 조화와 의사소통의 조화 상태에 빠져들었다. 가우는 말로 나를 설득하려고 시도하기도 전에 동작 등으로 나와 유대를 형성해나갔다. 톰 가우는 나와 조화를 이루려고 노력했기에 내가 일상적으로 만나는 다른 사람들과의 대화보다 훨씬 더 끌리도록 만들었다. 톰 가우와의 대화는 내 어휘가 아니라 그의 어휘로 진행되고 있었다. 나는 그에게 일체감을 느꼈다."

나의 언어가 아니라 그의 언어로 대화가 진행되게 만드는 법! 이를 잊어서는 안 된다. 물론 말콤 글래드웰이 소개한 일화에서는 상대방이 먼저 언어적 개선을 위해 노력했다. 하지만 보고를 받는 '그들'이 먼저 노력하기를 기대하는 건 무리다. 그보다는 우리가 먼저 상대방의 언어를 알아내고, 이해하며, 필요하면 그들의 언어로 말하려는 시도를 해보는 편이 낫다. 그들의 언어 몇 가지를 알아보자.

대표적인 특징으로 그들의 언어는 예민하다. 예민한 그들의 언어에 맞춰 우리도 말 한마디에 민감성을 갖고 접근해야 한다. 예를 들어 윗사람이 "이번 프로젝트, 누구에게 맡기는 게 좋을까요?"라고 말했을 때 "사업1팀 김철수 대리가 하면 됩니다"라고 하기보다는 "사업1팀 김철수 대리가 자격증도 있는 전문가이니 그가 하면 잘할 것입니다"라고 말하는 것도 사소하지만 상대방인 그들이 받는 느낌은 다르다. 후자처럼 대답하는 것이 더 치밀해 보인다. '별것도 아닌 말 몇 마디에 지나치게 예민한 거 아니야?'라고 반응하기보다는 그동안 무뎠던 우리의 언어 촉수를 부끄러워하는 게 먼저 아닐까.

나에게도 윗사람의 말에 대해 쉽게 보아 넘겼던, 하지만 지금은 후회하는 기억들이 꽤 많다. 오래전의 일이다. 내가 소속한 부서의 팀장이 회의 시간에 이렇게 말했다.

"지금 우리 팀 박 대리가 진행하고 있는 P사 프로젝트가 성공할 수 있도록 구성원들께서는 모두 적극적으로 지원해 주기 바랍니다."

P사? 그건 우리 팀 모든 구성원이 프로젝트가 진행 중인 것을 뻔히 알고 있는 기업인 P×××를 지칭하는 말이었다.

'왜 P사라고 하는 거지?' 속으로 우스웠다. 지금에야 말하지만 '뭐 그리 대단한 일을 한다고 구성원 모두가 알고 있는 회사의 이름을 앞 글자만 말하는 거야?'라며 비웃었었다. 지금은? 반성한다. 나의 생각이 잘못되었음을.

그들은 달랐다. 그들은 기밀정보에 대해 회사 밖은 물론 회사 내부에서도 회사명, 프로젝트 내역 등에 대해 암호화해서 부르는 습관이 몸에 배어 있었다. 회사 주변 식당에서도 절대 관련 회사의 이름이나 담당자의 이름을 함부로 말하지 않았다. 누군가 대화를 주워들어도 구체적인 내용을 알지 못하도록 회사명을 P사와 같은 이니셜로 말하는 것을 당연하게 여겼다.

기업 윤리가 중시되고 내부 통제가 강화되면서 정보 유출에 관한 구성원 대상의 마인드 교육과 유출에 따른 벌칙 규정도 나날이 엄격해지고 있는 이때, '그깟 단어 한마디쯤이야'라고 대수롭지 않게 여기는 사람은 나처럼 무식한 구성원밖에 없다는 사실을 나는 모르고 있었다.

그들의 언어에 익숙해져야 한다. 똑같은 상황을 말할 때도 "말이 안 통합니다"라고 얘기하기보다는 "의견에 차이가 있습니다"라고 말하는 것이 원만한 느낌을 주는 것처럼 단어 하나를 선택하는 데에도 민감해야 한다. 평범한 구성원들의 언어에만 익숙해져서는 그들의 언어 눈높이를 만족시킬 수 없다. 그들의 언어를 듣고 흉내 내며 그들의 언어에 익숙해질 때 자기도 모르는 사이에 조직 내에서 입지를 굳게 굳히고 있는 자신을 발견하게 될 것이다.

5
그들을 위한 보고지만 결국
나를 잊어서는 안 된다

보고를 하게 되었다. 제일 먼저 생각나는 건 '무엇을 말해야 할까?'다. 하지만 이것은 보고를 받는 사람의 입장과는 거리가 멀다. '무엇'에 집중하다 보면 쓸데없는 자료들만 덕지덕지 붙이게 된다. 분량만 늘어날 뿐 알맹이는 없는 허전한 보고가 되기 쉽다. 그렇다면 '무엇' 대신에 필요한 건 무엇인가. '왜' 그리고 '어떻게'다.

보고를 지시받은 순간, 보고를 하기 직전의 순간, '왜 이 보고가 필요한 걸까?'를 우선적으로 생각해야 한다. 보고를 받는 윗사람이 '도대체 이 친구가 왜 나에게 이런 말을 하는 거지? 내가 필요한 건 이게 아닌데……'라는 생각을 하게 된다면 우리의 보고는 실패다.

보고는 '악착같이' 상대방의 관점이어야 한다는 것, 이 책에서 지금까지 '악착같이' 말해오고 있는 보고의 기본적인 마인드다. 이거 하나만 제대로 우리의 머릿속에 박혀 있어도 직장 생활에서 늘 맞닥뜨리는, 희로애락의 이유가 되는 보고의 현장이 무작정 두렵기만 하지는 않을 것이다.

그런데 여기에서는 지금까지 해온 이야기와는 조금 다른 말씀을 드리려고 한다. 그건 바로 '보고의 시작과 끝은 결국 당신의 몫'이라는 점이다. 지금까지 상대방의 관점에서 생각하고, 말하고, 행동하라고 해놓고선 무슨 말인가, 하는 불평을 할 수도 있겠다. 하지만 결국 보고는 나에서 시작해서 나에서 끝나는 것이다. 너무나 당연해서 그동안 말하지 않은 것뿐이다.

보고는 일종의 '자기 경험의 소환'이다. 우리는 직장 생활을 하면서 얻은 경험들 중에서 좋은 느낌으로 남았던 경험을 상품이나 서비스에 그대로 재현하는 경우가 많다. 그 경험은 상품이나 서비스를 직접 기획하고 운영하면서 얻은 경험일 수도 있고, 책이나 세미나, 기타 인터넷 검색 등을 통해 받은 추상적이고 정서적인 느낌일 수도 있다. 만약 보고가 늘 타인이 좋아할 만한 것으로 시작하고 끝나면 재미가 없다. 재미없는 보고를 하는 사람, 재미없는 사람 취급을 받기 딱 좋다.

자신만의 특화된 보고 스킬이 있어야 한다. 조직의 인정을 받는 보고 그리고 보고서를 생산하는 사람은 결국 조직의 지배자다. 그래서 나는 당신에게 "언젠가 반드시 당신의 보고가 표준이 되게 하라!"고 말하고 싶다. 동료들, 후배와 협력 업체 담당자들에게서 "보고 하나만큼은 저 사람이 최고!"라는 말을 들었으면 좋겠다.

더 이상 '타인이 좋아할 만한 것'만 찾아 헤매는 것이 아니라 경험 속에서 생긴 아이디어를 거침없이 보고에 담아낼 수 있는 기회가 빠른 시간 내에 당신에게 오길 바란다. 그런 날이 오면 당신도 늘 타성적이었던 직장 생활에서 벗어나 문득 주체로 우뚝 서 있는 자신의 모습을 발견하게 될 테니까.

사실 그렇다. 일이란 게 타인의 관점에서만 진행되면 정작 나 자신은 재미가 없다. 재미없는 일이 반복되면? 그저 하라니까 할 뿐 경쟁의 무대인 조직에서 빛을 잃고 결국 모든 일에서 생명력을 찾아볼 수 없게 된다. 이렇게 되는 순간 아무리 똑똑한 조직원이라고 하더라도 결국 조직에서의 위치는 그저 있으나 마나 한 존재, 딱 그만큼에 머물게 된다. 그 머무름은 치욕스러움과 동의어다.

보고를 잘하기 위해서는 결국 자기 사랑이 우선되어야 한다. 누군가에게 무작정 끌려다니는 직장 생활은 슬프기 때문이다. 세계적 심리학자인 미국의 웨인 다이어 역시 자신의 책 《행복한 이기주의자》에서 우리에게 스스로 불평하지 말라고, 자신을 사랑하라고 권유한다.

"자기 사랑이란 자신을 소중한 사람으로 받아들이는 것이다. 받아들인다는 것은 불만이 없다는 뜻이다. 알차게 살고 있는 사람들은 절대 불평하는 법이 없다. 바위가 거칠다고, 하늘이 찌푸렸다고, 얼음이 너무 차갑다고 쓸데없이 불평을 늘어놓지 않는다. 받아들인다는 것은 불평하지 않는 것이며, 행복하다는 것은 자신이 어찌해볼 도리가 없는 일들을 놓고 한탄하지 않는 것이다."

보고의 상황에서 누군가에 대해 불평만 하고 있지는 않았던가. 어쩔 수 없다고 하면서 스스로를 학대하지 않았던가. 이제 자신을 사랑할 때다. 자신을 사랑하는 사람은 자신의 일터에서 가장 필요한 커뮤니케이션 도구인 보고를 우습게 여길 리 없다. 그러니 빠른 시간 내에 보고 하나만큼은 그 누구도 당신을 넘보지 못하게 하라. 당신이 겪어낸 경험을 마음껏 풀어낼 수 있는 조건을 구축하라. '지루한 밥벌이'를 '멋진 돈벌이'로 만들고 싶다면 더욱더.

6
현장 없는 보고? 팥 없는 찐빵!

늦었지만 대학원에 다닌다. 나이와 무관하게 공부란 건 꽤 괜찮은 일이다. "시간이 남아도냐?"라는 의심 반, 호기심 반의 질문에는 대답할 가치도 못 느끼지만 ― 속으로는 '그렇게 시간이 남아돌지 않는 당신은 퇴근 후 집에서 뭐 하냐?'고 묻는다 ― "도대체 무엇을 배우는 것이냐?"는 물음에는 "내가 지금까지 살아온 삶을 공부를 통해 반성하고 또 남은 시간들을 좀 더 가치 있게 살 수 있는 방법들을 차고 넘치게 배운다"고 자신 있게 말할 수 있다. 공부는 '가장 돈이 적게 드는 어른의 놀이'라는 것이 나의 결론이다.

대학원에서 논문 쓰는 방법론에 관한 수업을 듣게 되었

다. 교수님은 '1차 정보'와 '2차 정보'를 설명하셨다. 1차 정보란 논문을 쓰는 데 가장 기본적이며 직접적인 자료다. 2차 정보는 1차 정보를 보완할 부차적인 자료다. 교수님은 우선적으로 1차 정보가 무엇인지를 명확히 해야 논문을 쓸 때 혼란을 겪지 않는다고 말씀하시면서 "만약 잘 모르는 분식점에 갔을 때 주문 가능한 음식 가짓수가 수십 개 된다면 그냥 맨 위에 있는 음식을 시키면 실패하지 않는다. 이때 맨 위에 있는 음식이 바로 1차 정보와 같은 것이다"라고 비유를 들어 설명하셨다.

당신은 보고자다. 보고를 위한 1차 정보란 무엇일까. 수없이 많은 음식을 파는 분식점의 메뉴판 중 가장 위에 놓을 수 있는 정보는 무엇인가. 책에서 찾은 문장? 저널에서 확인한 통계? 그것도 아니면 인터넷 검색으로 얻은 정보? 아니다. 보고에서 1차 정보는 '현장'이다. 현장이란 무엇일까. 세상의 모든 기업은 '고객' 없이는 존재하지 않는다. 바로 그 고객이 있는 곳이 보고를 위해 가장 중요한 1차 정보가 된다.

"제가 현장에 가서 눈으로 확인했더니 지난번에 이사님께서 말씀하신 것처럼……."

"현장 관계자에게 물었더니 그분께서 말씀하시길……."

그렇다. 바로 이러한 정보가 당신의 보고에 포함되어야 한다. 이것이야말로 보고를 받는 그들이 원하는 정보이기 때문이다. 2차 정보가 필요 없다는 말은 아니다. 2차 정보는 1차 정보에 대한 보강 자료로서 나름대로 중요하다. 문제 해결을 위해 결론적으로 제시할 보고의 핵심적 내용을 뒷 받침하는 간접적 근거가 된다.

"현장의 소리를 들어보니 자료를 조사할 필요성을 느껴 관련 부처의 정책 내용을 확인해봤습니다."

"현장에 대해 궁금증이 생겨 구글 등의 검색 도구를 이용해서 자료를 뽑아보니……."

물론 1차 정보가 보고의 핵심이라는 사실은 변하지 않는다. 그렇다면 보고에서 필요 없는 정보도 있을까. 있다. 그건 바로 당신의 머릿속에서 마음대로 추측해서 판단하는 생각들이다.

"이건 제 느낌인데요, 분명히 경쟁사에선 공격적인 마케팅을 진행하지 않을 거라 생각됩니다."

"지난번에도 그랬어요. 이럴 땐 그냥 돈으로 밀어붙이면 됩니다."

이건 그저 무의미한 잡생각이다. 잡생각은 보고에서 없

는 게 낫다. 이런 생각은 정보가 아니니 그저 당신만의 생각에 그쳐야 한다. 잡생각을 자기표현이라고 생각하면 그건 착각이다. 일본의 심리학자 에노모토 히로아키는 자신이 쓴 《나쁜 감정 정리법》에서 이렇게 말했다.

"'자기표현'의 목표는 자신을 억압하지 않고 상대방을 불쾌하게 만들지 않으면서도 자기주장을 적절하게 하는 것이다. 지나치게 참고 견디느라 자신을 괴롭히지도 않고, 억지스러운 자기주장으로 인간관계를 방해하지도 않으며, 적절하게 자기주장을 하는 방법을 익히는 것이다."

보고를 받는 그들은 현장에서 1차 정보를 찾기를 원한다. 하지만 우리는 현장을 무시한다. 그에 따라 보고의 현장이 어색해진다. 언제까지 이런 악순환을 반복할 것인가. 억지스러운 자기주장이 아닌 자기표현을 하는 방법을 익힐 필요가 있다. 그것이 보고자와 보고받는 사람 모두에게 이로운 일이다. 보고에서 현장의 소리란 절대 가볍게 여겨서는 안 되는 요소임을 기억해두자.

7
보고의 성패는 보고 이전에 결정된다

이해관계자라는 말이 있다. 내 일에 영향을 미치는 모든 사람을 의미한다. 자신이 맡은 업무의 성공 여부는 이해관계자를 내 일에 도움을 주는 사람으로 만드는 것에 달렸다고 해도 지나친 말이 아니다. 보고와 관련된 사람들은 누구인지, 보고받는 사람들의 책임 수준은 어떠한지 등을 정확히 알지 못하면 상대방의 협조를 얻기 어렵다.

보고는 보통 윗사람에게만 하는 것으로 생각하기 쉽다. 어느 정도는 맞다. 하지만 나의 보고가 윗사람에게 잘 통하게 하기 위해서는 주변에 있는 이해관계자와 평소에 관계 형성이 잘되어 있어야만 한다. 나를 중심으로 동서남북

방면으로 누가 있는지를 체크하고 그들 모두에 대한 대응 전략을 나름대로 갖고 있어야 결정적인 순간에 진행되는 보고가 효과적일 수 있다.

쉽게 생각하기 위해 이를 '동서남북 보고법'이라고 해두자. 위쪽에는 상사가 있고, 아래쪽에는 후배가 있으며, 양 옆으로는 동료 그리고 관련 업체(파트너 등)가 있음을 인지하고 각각에 대한 대응 전략을 갖추어야 한다. 대응 전략이라고 하면 광범위하니 우선 각각의 방향을 위해 우리가 지녀야 할 역량을 키워드로 확인해보자.

먼저 위쪽에 위치한 상사와의 관계다. 여기에서는 '역량'이라는 키워드를 기억해야 한다. 보고를 위한 태도, 보고에 따른 대응 등도 중요하지만 윗사람과의 관계는 기본적으로 자기 자신이 갖고 있는 역량 그 자체가 핵심이다. 역량, 즉 실력이 없으면 아무리 보고만 세련되어봐야 상사의 신뢰를 얻기는 힘들다. 선배에게 물어보고 동료에게 요청하며 업무와 관련된 자료를 학습하는 데 신경을 써서 최대한 역량을 확대하는 일을 게을리해서는 안 된다.

다음으로 아래에 위치한 후배와의 관계다. 직위나 권력을 이용해 일방적인 관계 설정을 하려는 것은 구시대적이다. 지금은 '통제'나 '지시'가 아닌 '배려'가 키워드인 시대다. 의외로 조직의 최고 위치에 있는 사람일수록 조직에서 가장 젊은 직원들의 말을 귀담아듣는 습성이 있다. 젊은 직원들이 자신을 두고 "김 과장님은 실적 하나는 확실한데 리스크에 대해서 지나치게 무심하신 것 같아요. 그러다 문제라도 생기면……"이라고 한다면 그런 사람의 보고를 받는 윗사람은 신뢰를 갖고 보고를 받아들이기가 어렵다.

마지막으로 동료와 협력 업체로부터 신뢰를 얻는 것도 중요하다. 동료에게는 '평소 나의 이미지 관리'가 키워드가 되어야 한다. 경쟁자이면서도 서로 의지할 수 있는 동료는 어려운 순간에 그 누구보다도 나에게 힘이 될 수 있는 사람들이다. 그들의 이야기는 당신의 평판을 좌지우지한다. 협력 업체도 마찬가지다. 아무리 '을' 혹은 '병'의 입장에 있는 그들이라고 할지라도 '공정'과 '배려'라는 키워드를 잊지 말아야 한다. '자신보다 약한 자들을 대하는 태도가 한 사람의 진정한 품격'이라는 말을 잊지 말라.

상사, 후배, 동료, 그리고 협력 업체까지, 보고를 하는 사람을 둘러싼 이 모든 이해관계자를 평소에 잘 관리해두어야 한다. 보고는 오직 보고의 순간에 하는 말기술이 전부가 아니다. 오히려 보고 이전에 자신을 둘러싼 사람들과의 관계가 보고의 성패를 좌우한다고 해도 과언이 아니다. 우리 주위에 잠재하고 있는 저항 혹은 장애 세력들조차도 자신의 편으로 만드는 작업이 중요한 이유다.

8
누군가의 모델이 될 만한 보고인가?

S급 인재! 꿈만 같은 호칭이다. 직장 생활을 하는 당신이라면 잘 알겠지만 인사고과에서 최고 등급을 받는다는 것은 쉬운 일이 아니다. S-A-B-C-D, 즉 탁월-우수-보통-미흡-부족 등급으로 평가를 하는 조직에서 A도 아닌 S를 받는다는 것은 무척이나 어렵다.

성과만 좋다고 S를 받을 수 있는가. 아니다. 인간관계도 좋아야 한다. 평소의 품행도 괜찮아야 한다. 그래야 S를 받는다. 조직에서 S급 인재로 불리는 것이 일상이 되면 다른 '평범한' 구성원들과는 '커리어 맵' 자체가 달라진다. 본격적인 리더로의 길이 열린다. 더 많은 권한이 주어지고 더 높은 연봉이 따라온다. 당신은 S급 인재인가. S급 인재가 되고 싶지 않은가.

S급 인재는 보고하는 자세부터가 다르다. 언젠가 한 기업의 수장이었던 분이 공개적으로 하신 말씀이 기억난다. S급 인재와 나머지 구성원들이 보고할 때의 차이점에 관한 것이었다.

"평범한 구성원들의 보고는 '해야 합니다', '하겠습니다' 등으로 말이 끝납니다. 마치 시켰으니 어쩔 수 없이 해야 한다는 것처럼 들립니다. A급 인재들은 다릅니다. '할 수 있습니다'라는 말이 입에 붙었습니다. 긍정적이죠. 그렇다면 S급 인재의 말은 어떻게 다를까요? 그들의 입에서는 늘 '하고 싶습니다'라는 말이 끊이질 않습니다."

나는 이분이 말씀하신 S급 인재의 정의를 들으면서 반성했다. 제일 뼈저리게 반성한 것은 조직 생활을 꽤 했던 나의 말들 대부분이 '해야 합니다' 혹은 '해야 한다'로 가득했다는 점이었다. 나는 S급 인재로 거듭날 수 있는 기회를 스스로 걷어차지 않았나 싶다. 말 하나 때문에, 보고할 때의 화법 하나 때문에, 나는 나 자신의 커리어 맵을 엉망으로 만들었던 것이다.

S급 인재가 되는 출발점은 무엇인가. '하고 싶습니다'를 늘 잊지 않는 화법이다. 과거나 현재에 머물러 있는 것이 아닌, 미래를 바라보는 보고의 언어를 늘 입에 담을 줄만 알아도 당신에게 S급 인재라는 호칭은 조용히 다가와 있을 테다. 국내 최고의 그룹 총수가 했다는 말, "S급 인재에 인건비 생각은 하지 마라"의 주인공이 당신이 된다면 멋진 일 아니겠는가.

　'내가 다른 건 몰라도 보고 하나만큼은 최고가 되어야지!'라고 마음먹는다면 그 순간부터 당신의 S급 인생은 시작된 것과 다름없다. S급 인재가 된다면? 아마 당신의 조직에서의 '자유도'는 높아질 것이다. 남의 회사가 아닌 나의 회사가 된 것 같은 쾌감을 맛볼 수도 있다.

　S급 인재에 관한 말을 조금 더 해보자. 한 중견기업의 최고경영자와 대화를 나눌 기회가 있었다. 그는 나에게 이렇게 질문했다. "시키는 일을 반드시 해내는 사람이 있다고 해보죠. 이 친구에게는 무슨 등급이 적절하다고 생각하세요?" 듣고 있던 나는 "A등급 아닌가요?"라고 대답했다. 그분의 대답은 "그는 C등급입니다"였다. 고개를 갸우뚱하는 나를 보면서 그는 이렇게 말을 이었다.

"시키는 일만 해내는 사람, 즉 'meet requirement'에 충실한 사람은 C등급입니다. 시키는 일을 모두 다 잘 해내면서도 때로는 기대를 넘어설 정도가 되어야 B등급이라고 할 수 있죠. 그렇다면 A등급은 어떤 사람일까요? 항상 기대를 초과하는 사람입니다."

그렇다면 S등급을 받는 사람은 도대체 어떤 사람이란 말인가. 시키는 일을 하는 데에도 허덕이던 나, 그저 가끔씩 성과를 넘어서면서 대단한 일을 했다고 스스로를 칭찬했던 나에게는 이분의 말씀이 도무지 이해되지 않았다. 멍한 표정을 짓는 나에게 그분은 이렇게 설명했다.

"자신의 성과를 달성하거나 그 성과를 초과하는 것만으로는 A가 최고입니다. S등급을 받는 사람은 주위에 '선한 영향력'을 행사하는 사람입니다. 다른 조직 구성원들에게 '롤 모델(role model)'이 되는 사람입니다."

'하고 싶습니다'에서 시작하여, 자신에게 주어진 목표를 달성하고, 거기에 더해 다른 구성원들의 롤 모델이 된다는 것. 얼핏 생각하면 까마득히 먼 길 같다. 하지만 쉽게 생각하자. 우선 자신이 몸담고 있는 조직에서 '하고 싶습니다'라는 말을 잊지 않는 연습부터 해보자는 것이다. 어쩌면 예상외로 쉽게 S급 인재로 가는 커리어 패스(career path)에 올라 탈지도 모른다.

결국 직장 생활은 말과 글로 이루어진다. 나의 말, 즉 보고는 그중에서도 핵심 중의 핵심이다. 이왕이면 괜찮은 구성원으로, 최고의 인재로 대접받으면서 회사를 다닌다는 것, 나쁘지 않은 일이다. 그렇다면 지금 당장 보고다운 보고의 말투, 즉 '하고 싶습니다'를 통해 다른 사람들의 롤 모델이 되는 길을 택하는 건 어떨까.

9
보고에 반드시 들어가야 할 요소, 회사의 비전

현안만 나열해놓고 끝내는 보고가 있다. 회사의 경영 전략, 회사의 핵심 가치, 이런 것들은 보고의 그 어느 곳에서도 찾아볼 수 없다. 결국 한마디 듣는다. "김 과장, 그래도 우리 회사가 어떤 방향으로 가고 있는지 정도는 알고 있어야 하지 않겠어?" 얼굴이 붉어지지만 왜 그런 말을 하는지 도대체 영문을 모르겠다. '괜히 트집 잡는 거 아니야?'라고 스스로를 위안하곤 또다시 같은 스타일의 보고를 하고 만다. 늘 그렇게 말이다.

비전 없는 회사가 있을까. 핵심 가치, 전략 목표 등 다른 이름으로 나타날 뿐 회사를 이끌어가는 키워드 하나 없는 기업은 이 세상에 없다. 기업이 그러하니 기업에서 의사결정을 하는 사람들 역시 비전을 중요하게 여긴다. 그런데 정작 그들에게 보고하는 사람이 '비전? 그게 뭔데?'라는 태도로 임한다면 어떻게 될까.

보고할 자리가 생겼다면 조직 그리고 회사의 비전을 보고에 녹여 넣어야 한다. 비전을 말하는 일에 관한 한 때와 장소를 가리지 않아도 된다. 회사는 비전이 포함된 보고에 대해 늘 환영할 준비가 되어 있다. 정형적인 것만을 말하는 사람은 보통 사람이다. 임팩트가 없다. 당신이 회사에서 특별한 사람이 되려면 '비전의 언어'를 구사해야 한다. 처음엔 어색하겠지만 조금씩 보고에 회사의 비전을 포함하려는 의도적인 노력이 필요하다.

수많은 기업들은 비전을 만드는 데에서 그치지 않는다. 그 비전을 조직 구성원들에게 알릴 수 있도록 적극적으로 공유하려는 노력을 멈추지 않는다. 왜 기업은 조직의 구성원들에게 비전을 알리지 못해서 안달일까. 이유가 있다. 비전을 공유한다는 것은 의사결정자가 자리에 없더라도 옳은 결정이 내려진다는 것을 의미한다. 달리 말하면 조직 구성원 각자가 자신이 맡은 일을 독자적으로 끌어나갈 힘을 언는다는 말과도 같다.

비전 등의 핵심 가치를 본질적이고 당연한 것으로 생각하는 구성원들이 가득한 기업은 미래가 밝다. 천재지변이 없는 이상, 설령 천재지변이 있다고 하더라도 영속적인 기업을 꿈꿀 만한 회사다. 회사의 비전과 조직 구성원의 비전이 따로 노는 기업은? 글쎄, 굳이 예상해보지 않아도 별 볼일 없지 않을까?

보고의 기회가 왔다면 보고할 내용 그 자체만 생각하는 틀에서 벗어나보는 건 어떨까. 보고를 하는 것 자체에 관심을 두는 것은 이제 '보고 초보자'들이나 할 일이라고 생각해야 한다. '보고 상급자'로 스스로를 자리매김하고 싶다면 이제 보고에 조직의 비전을 잊지 말도록 하자. 성급하게 보고에 나서기보다는 비전을 통해 보고의 방향을 명확하게 하려는 노력이 훨씬 더 중요하다.

이렇게 말하고 있는 나, 고백하자면 솔직히 주어진 보고의 기회에 회사의 비전을 표현하지 못했다. 왜 그랬을까. 우선 비전, 핵심 가치 등의 말을 하는 것 자체가 뭔가 어색했다. 괜히 잘난 척하는 건 아닌가, 하는 생각을 했다. 하지만 나는 이 점을 기억했어야 했다. 벼 이삭이 익으면 고개를 숙

여도 멋있지만 자라지도 않은 벼가 고개를 숙이면 햇빛을 보지 못해 결국 말라 죽는다는 사실을.

과거의 한 장면이 생각난다. 회사의 마인드 강화 프로그램에 참여하게 되었다. 구체적인 내용은 잊어버렸지만 아침에 일어나자마자 교육생 수십 명이 작은 공간에 모여 혁신 구호를 목이 터져라 외쳤던 경험이 아직도 생생하다. 아랫배에 힘을 얼마나 주었던지 교육이 끝나고 근육통에 시달릴 정도였다. 그때 외쳤던 구호 중 하나는 또 얼마나 강렬했던지 교육 후에도 가끔 꿈에 나올 정도였다.

"5퍼센트는 불가능해도 30퍼센트는 가능하다!"

혁신을 외치는 고함 소리, 유치하다고 생각하는 사람도 있을 테지만 내 경험은 그리 나쁘지 않았다. 이후 일을 할 때 과감하게 업무를 처리하는 데 힘이 되었던 것 같다. 비슷한 사례는 또 있다. 1983년 삼성반도체통신(현재의 삼성전자)이 메모리 반도체 개발에 뛰어들 때의 이야기도 비전과 관련해서 참고할 만하다. 당시 직원들은 자발적으로 '반도체인의 신조'를 만들어 업무 시작 전에 모여 크게 복창했다고 한다. 그 신조의 내용은 '지나칠 정도로 정성을 다하자!', '무엇이든 숫자로 파악하자!' 등이었다고 한다. 그리고 그런 노력이 제품 개발에 착수한 지 6개월 만에 64KD램 개발에 성공한 원동력이 되었다고 한다.

비전을 보고에 녹이는 것이 여전히 어색하다면, 아래를 참고하도록 하자.

1단계: 회사의 홈페이지에 들어간다.

2단계: 메인 화면에 접속하여 '회사 소개'를 클릭한다.

3단계: '비전 및 경영 이념', '핵심 가치', '미션' 등 비전과 관련된 메뉴를 클릭한다.

4단계: 프린트한 후 축소 복사 해서 다이어리의 잘 보이는 곳에 붙인다.

5단계: 비전어로 말한다.

예를 들어보겠다. 어떤 회사의 비전이 '차별화된 고객가치 실현, 제품 경쟁력 최우선 개선, 글로벌 스탠더드 내재화' 등 3대 경영방침으로 표현되어 있다고 해보자. 나라면 보고의 자리에서 다음과 같이 비전을 언어로 전환해서 말할 것이다.

"우리 회사의 경영방침인 '제품 경쟁력 최우선 개선'은 우리가 아니면 할 수 없는, 다시 말해서 고객가치 측면에서 타의 추종을 불허하는 서비스를 창출한다는 말입니다 이번 프로젝트가 그 방향성에서 벗어나지 않도록 하려 했습니다."

어떤가? 회사가 추구하는 가장 중요한 핵심 가치인 '비전'을 말로 표현하는 것은 비전을 이해하는 것 혹은 비전을 갖는 것보다 중요하다. '내가 왜 이 일을 해야 하는가', 즉 자신의 정체성을 회사의 비전과 연결해 보고에서 표현할 줄 안다면 당신을 보는 조직의 시선은 긍정적일 수밖에 없다.

실제로 기업이 가장 고민하는 기업 혁신의 원동력은 '경영 기법'이 아니라 '조직원들의 마인드'라는 말도 있다. 기업의 경영 철학과 이념, 가치 체계 등의 비전이 우선되어야 그 이후의 혁신 활동도 원활하기 때문일 것이다. 그렇다. 회사는 비전에 충실한 당신을 기다린다.

우리의 보고는 멋져 보여야 한다. 그러니 이제 보고의 내용에 조직의 비전을 장착하라. 목표가 '고작' 실적 달성이라고 말하지는 말자. 이제 조직의 비전을 넣어 이렇게 말하라.

"나의 회사를 좋게 만들고 싶다."

나는 이렇게 말하는 데 오랜 시간이 걸렸다. 당신은 나를 닮지 않았으면 좋겠다.

10
스몰 토크를 적극 활용하라

'이바구'는 '이야기'란 뜻의 경상도 방언이다. 영어로 하면 '스몰 토크(small talk)'라고 할 수 있겠다. 여기에서는 업무와는 다소 거리가 먼, 가벼우면서도 사적인 이야기라고 정의해보자. 이 아무것도 아닌 이바구 혹은 스몰토크가 보고를 잘하기 위해서 거쳐야 하는 첫 번째 단계라고 하면 어떤 생각이 들지 모르겠다. 군자(君子)의 도(道)를 커뮤니케이션과 연관 짓는 게 어색하긴 하지만 동양 고전인 《중용(中庸)》에는 다음과 같은 말이 있다.

"군자의 도란 비유하면 멀리 가려면 가까운 곳에서부터 걸어가야 하는 것과 같고, 높은 곳에 오르려면 반드시 낮은 곳에서부터 시작해야 하는 것과 같다."

커뮤니케이션에 '도'가 있다면 그 시작은 스몰 토크다. 단, 조심해야 할 요소는 많다. 아무래도 스몰 토크는 개인적인 이야기가 주제가 되곤 한다. 따라서 조심조심하는 마음가짐은 필수다. 보고로 가는 과정에서의 스몰 토크라면 업무와 관련된 이야기를 편하게 하는 정도로 시작하면 괜찮다. 예를 들면 다음과 같다.

"요즘 경기가 최악인데 어떻게 이 회사는 성장을 거듭하는 건가요?"

"임원, 저도 꼭 오르고 싶은 자리입니다. 상무님이 생각하는 임원이 되는 비결을 알고 싶습니다. 가르쳐주십시오."

"평소 어떻게 스케줄을 관리하시는 거죠? 어떻게 그 많은 일들을 하실 수 있는지요?"

"다음 달에도 해외 출장을 가신다고 하셨죠. 체력 관리 잘하셔야 하겠습니다."

스몰 토크는 식빵에 맛있는 딸기잼을 바르는 것과 같다. 조금 심심한 북엇국에 후춧가루를 넣는 것과 같다. 스몰 토크를 통해 상대를 알게 되고, 더 나아가 새로운 커뮤니케이션 '라운드(round)'를 앞두고 서로의 감정을 알아가는 시간을 만들어낼 수도 있다. 보고란 결국 사람과 사람의 만남이다. 그 본격적 만남 이전에 상대와 교감을 쌓고 결국에는 감정적으로 연결할 수 있는 고리를 만들어내는 방법이 바로 스몰 토크다.

스몰 토크를 적절히 활용할 줄 알면 누군가에게 다가서는 것이 두렵지 않게 된다. 다른 사람에게 직접 다가가야 하는 순간은 누구나 두렵다. 상대가 직장의 임원이거나 중요한 고객이라면 말할 필요도 없다. 이때 스몰 토크는 대화의 물꼬를 트며 상대에게 나 자신을 인식시키는 수단이 된다. 보고 역시 이전보다 훨씬 자연스럽게 진행될 것이다.

보고를 하기 전이나 보고를 시작할 때만이 아니다. 보고가 끝났을 때도 스몰 토크는 유용하다. 다음의 두 가지 사례를 통해 알아보자.

〈상황〉

업무 보고가 끝나고 임원인 박 상무와 점심 식사를 같이 하게 된 김 팀장. 설렁탕을 시켜놓고 기다리는 동안 대화를 하긴 해야 하겠는데, 무슨 말을 해야 할지 모르겠다.

〈사례 1〉

김 팀장: 음, 오늘 보고받으시느라 수고하셨습니다.

박 상무: 그래요. 요즘 팀에 별일 없죠?

김 팀장: 네. 덕분에 별일 없습니다.

박 상무: 그래요.

김 팀장: …….

박 상무: …….

〈사례 2〉

김 팀장: 음, 오늘 보고받으시느라 수고하셨습니다.

박 상무: 그래요. 요즘 팀에 별일 없죠?

김 팀장: 네. 덕분에 별일 없습니다.

박 상무: 그래요.

김 팀장: 아, 아드님이 이번에 대학에 입학했다고 들었습니다.
명문 대학에.

박 상무: 어, 어떻게 알았어요? 뭐, 간신히 들어간 거죠.

김 팀장: 저도 이제 아이가 중학교 2학년인데 상무님께 코치
받아야겠습니다.

박 상무: 에이, 무슨 소리. 애 엄마가 키웠지, 내가 뭘.

김 팀장: 아이 키우시면서 무슨 말씀을 자주 해주셨나요?

박 상무: 음. 딱 세 가지만 말하곤 했죠. 첫째…….

사례 1의 경우 김 팀장은 설렁탕이 나온 후 임원과 아무 말 없이 밥만 먹다 식사 시간이 끝났다. 곤혹스러웠을 테다. 사례 2의 경우도 마찬가지로 곤혹스러웠다. 왜? 임원의 밥 알 튀는 것 때문에. 식사 시간이 지나도록 대화를 하느라 목이 아팠기 때문에. 대신 서로 간의 공감대는 보다 견고하게 다져지지 않았을까.

이런 말들을 통해 상대를 좀 더 알 수 있다. 그저 "요즘 어때요?"라는 말 한마디로 상대와 어떻게 관계를 맺어야 하는지, 상대가 현재 어떤 상태에 있는지 등의 정보를 알게 된다면 큰 수확 아닌가. 보고란 무엇인가. 결국 상대방을 알아내고, 상대방의 언어로 상대방이 고민하는 것을 말하려는 노력 아닌가. 이때 상대방에 대한 정보를 적절하게 활용할 줄 안다면 우리가 최종 목표라고 생각하는 보고도 좀 더 편하게 바라볼 수 있지 않을까.

KI신서 8875

그래서, 하고 싶은 말이 뭡니까?

1판 1쇄 인쇄 2019년 12월 20일
1판 1쇄 발행 2019년 12월 27일

지은이 김범준
펴낸이 김영곤
펴낸곳 ㈜북이십일 21세기북스

콘텐츠개발1팀 문여울 최유진
기획 문여울 **책임편집** 박나래 **디자인** this-cover.com
영업본부장 한충희
출판영업팀 오서영 윤승환
마케팅팀 배상현 김보희 한경화 박화인
제작팀 이영민 권경민

출판등록 2000년 5월 6일 제406-2003-061호
주소 (10881) 경기도 파주시 회동길 201 (문발동)
대표전화 031-955-2100 **팩스** 031-955-2151 **이메일** book21@book21.co.kr

(주)북이십일 경계를 허무는 콘텐츠 리더

21세기북스 채널에서 도서 정보와 다양한 영상자료, 이벤트를 만나세요!
페이스북 facebook.com/jiinpill21   포스트 post.naver.com/21c_editors
인스타그램 instagram.com/jiinpill21   홈페이지 www.book21.com
유튜브 www.youtube.com/book21pub
서울대 가지 않아도 들을 수 있는 **명강**의! 〈서가명강〉
유튜브, 네이버, 팟빵, 팟캐스트에서 '서가명강'을 검색해보세요!

ⓒ 김범준 2019

ISBN 978-89-509-8531-8 03320